Recettes Landaises

A Charlou Reynal…

A tous les Landais et Landaises qui, passionnés par leur terre, nous ont ouvert leurs portes avec beaucoup de gentillesse pour nous permettre de découvrir toutes les richesses gastronomiques de leurs différents terroirs.

Nous remercions tout particulièrement Pierre et Mouche Albaladéjo, mademoiselle Balhadère, Philippe et Sylvie Barrère, André Buck, Alain et Marie-Hélène Bex, Marie-Thérèse Cousseau, Abbé Jean Cabanot, Danielle Desarbres, Patrick Argeles-Dufau, Aline Dumon, Gisèle Joachim, Pierette Labadie, Isabelle Legall-Vitrac, Mimi Lensalade, Germaine Lesgourgues, Guy Lueza, Bernard et Marinette Lupuyau, Marie-Louise Moresmau, Marc Manciet, Christine d'Orglandes, Marie-Christine Peronnau-Duché, François et Jeanine Valero, Laurence Vidal et tous les offices de tourisme et les syndicats d'initiative des Landes.

Conception graphique : Walid Salem, Bordeaux
Coordination et suivi : Bruno Lamenca, Bordeaux

2-908650-98-3

Jeanine Pouget

Recettes Landaises

Photographies Alain Béguerie

Préface de Pierre Albaladéjo

Aubéron

Le chant du palais

Ou comment connaître les Landes via Londres, Cardiff, Dublin, Edimbourg, Auckland, Sydney ou Johannesburg !

Dans la tradition rugbystique, aussi chère au cœur du Landais que la course de vaches et la gastronomie, il est un rituel peu connu. Parmi les groupes de supporters qui vont fidèlement encourager l'équipe de France sur tous les terrains du monde, il en est un qui ne manque jamais d'emporter dans ses bagages de grandes corbeilles abondamment garnies de produits des Landes : cochonnailles, foie gras, canard fumé et autres préparations à consommer froides. Par respect pour sa modestie, nous tairons le nom de ce groupe mais qu'il nous soit permis de préciser que ses membres n'ignorent rien du passage des frontières. C'est ainsi que ces mets délicats qui font chanter les palais, comme la Marseillaise sur le terrain fait chanter les poitrines, franchissent les mers et parviennent sans encombre à Londres, Cardiff, Dublin, Edimbourg, Auckland, Sydney et autres Johannesburg. Alors, avant de revêtir leur smoking pour attaquer la troisième mi-temps, souvent la plus périlleuse en raison de traditions culinaires aux antipodes de notre *Ovalie*, tous les *petits* se retrouvent dans une chambre d'hôtel pour spontanément former le *maul* autour des porteurs de panier et se régaler de bons produits avant de passer à table. On ne sait jamais ! Courageux, mais pas téméraires. Les Landais, et ils ont toujours été légion à porter nos couleurs, fiers de partager les goûts de leur terroir avec leurs coéquipiers moins favorisés, tel Ulysse songeant à Ithaque, écrasent discrètement une larme d'émotion d'un doigt un peu gras et font un petit retour anticipé au pays. Qu'ils soient de Chalosse ou de Marensin, ils se souviennent du Papi ou du

Tonton qui rentraient à la maison, l'un chargé de bécasses, palombes ou ortolans, l'autre étalant sur la table loubines et rougets de mer ou brochets de rivière.

S'il est vrai (rien ne permet d'en douter) que le goût se forme dès le plus jeune âge, alors c'est une bénédiction que d'être né et d'avoir grandi entre Guyenne et Gascogne, entre Garonne et Adour, où Dieu a dispensé tant de ses bienfaits.

Le Chalossais élève et prépare à l'ancienne ses oies et ses canards dont il tire foie gras et confits de renommée mondiale. Il possède des potagers des plus fertiles et savoureux et, à l'entendre, son bœuf tient le haut du pavé. Le Marensinois, lui, au-delà de son immense massif forestier riche en gibier, poissons et champignons, dispose de la plus belle fenêtre sur l'Atlantique dont il tire les produits de la mer. Ses terrains sablonneux lui procurent d'incomparables asperges et il sait soigner tendrement la vigne qui lui donne le vin des sables. Dans les airials, le poulet jaune court en liberté.

De cette abondance, le Landais a su se montrer digne en consacrant à la préparation de ses produits un soin à la hauteur de leur qualité et de leur diversité (jusqu'à l'armagnac qui pousse un peu dans ses terres sa corne d'alambic). N'étant pas *baffreur* mais véritable fine gueule, il a développé au fil des générations un savoir-faire culinaire fondé sur le respect des saveurs de la nature, savoir-faire qu'il aime partager car sa convivialité n'est pas un vain mot. C'est ainsi que chaque événement familial est marqué d'un repas au menu soigneusement composé, que chaque grande manifestation, match de rugby ou fête taurine, se double de joutes gastronomiques auxquelles visiteurs et passants sont cordialement conviés.

Je lève donc mon verre de vin de Chalosse à tous ceux qui sauront apprécier notre gastronomie landaise et les invite à venir nous rejoindre dans notre petit paradis pour participer à nos *ferias* et partager notre joie de vivre.

Pierre Albaladéjo

Conseils de l'auteur

Ce livre propose une sélection de recettes culinaires landaises, remises au goût du jour, basées sur la tradition et les produits des différents terroirs de cette région.

Les indications de temps (préparation et cuisson), les ingrédients et même le matériel nécessaire vous sont donnés à titre indicatif. A vous de les interpréter suivant vos goûts, vos possibilités, vos achats et votre tour de main.

Le mot « graisse » cité souvent dans le texte doit être entendu comme de canard, d'oie et rarement de cochon.

Les poissons et volailles cités dans les ingrédients doivent être habillés. Vous pouvez le demander à votre poissonnier ou un volailler si vous ne voulez pas le faire vous-même.

Les indications de température de four variant au gré des marques, dites-vous simplement que : 100° - 150° = thermostat 4-6 = chaleur douce
200° - 250° = thermostat 7-8 = chaleur moyenne
250° et plus = thermostat 9-12 = chaleur forte

Enfin, gardez constamment en mémoire qu'une bonne cuisine ne peut être réalisée qu'avec de bons produits.

« Je vous soumets des recettes
mais le talent vous appartient »

Soupes et veloutés

Garbure landaise

Préparation : 30 mn

Cuisson : 2 h 30

Pour 6 personnes

- 300 g de lard gras salé, découenné, brossé, émincé fin en grillons d'1 cm de côté
- Plus authentique mais facultatif, une crosse ou un vieux talon de jambon
- 1 morceau de confit de canard ou d'oie
- 3 carottes moyennes, épluchées, coupées en 2 et émincées gros
- 2 poireaux épluchés, lavés, fendus en 2, émincés gros
- 1 petite rave épluchée, coupée en 4, émincée gros
- 1 petit chou vert, coupé en 2, trognon enlevé, ébouillanté, égoutté et émincé en tranches
- 1 grosse tomate bien mûre, ébouillantée, pelée et écrasée
- 2 pommes de terre épluchées, coupées en 4 et émincées gros
- 2 poignées de haricots blancs secs, trempés depuis la veille avec un soupçon de bicarbonate de soude, précuits 1 h à l'eau non salée, ou 2 poignées de haricots blancs frais écossés, tarbais de préférence, qui cuiront avec la garbure
- 1 oignon moyen pelé et émincé
- 3 gousses d'ail pelées, dégermées et écrasées
- Gros sel marin et poivre du moulin

Dans une toupine en terre ou une cocotte en fonte, dorer les grillons de lard. Quand ils sont couleur noisette, ajouter les légumes pour les flétrir 15 mn à feu doux en remuant souvent. Mouiller de 4 litres d'eau. Ajouter talon de jambon et confit. Saler peu (attention au lard), poivrer. Couvrir pour 2 h 30 de cuisson lente.

Grand classique gascon, cette recette est une soupe. Si vous y ajoutez 15 mn avant de servir du confit d'oie, de canard ou de porc, elle devient un plat complet.

Préparation : 10 mn
Cuisson : 50 mn environ
Pour 6 personnes

- 2 l d'eau ou de bouillon
- 1 kg de tomates de Marmande ébouillantées, pelées et écrasées
- 1 cuil. à café de concentré de tomates
- 1 oignon moyen pelé et émincé fin
- 4 gousses d'ail pelées, dégermées et écrasées
- 2 œufs entiers
- 1 branche de céleri, 10 brins de persil plat, 1 branchette de thym et 1/2 feuille de laurier ficelés en bouquet garni
- 1 cuil. à soupe de graisse
- 2 cuil. à soupe de vinaigre de vin
- Sel et poivre du moulin

Tourin ou Ouliat

Dans une oule (marmite) en terre ou en fonte, chauffer la graisse pour y flétrir l'oignon en remuant constamment.
Quand il a pris une couleur noisette blonde, ajouter les gousses d'ail, les tomates, le bouquet garni, le concentré.
Mouiller de 2 l d'eau. Saler, poivrer en abondance. Couvrir et cuire 45 mn à petits bouillons.
Dans un bol, battre le vinaigre et les œufs avec une fourchette. Au moment de servir, couper le feu. Incorporer lentement avec une spatule en remuant constamment le mélange œufs et vinaigre. Servir brûlant, nature ou sur des tranches de pain rassis.

Le « Tourin des mariés », connu aussi sous le nom de « Roste », est une tradition du Sud-Ouest. On poivrait et même pimentait à l'excès le bouillon que l'on servait aux jeunes mariés le soir de leurs noces. On peut imaginer le résultat des vertus attribuées au poivre.

Soupe de carcasse

Dans l'éventualité, fort probable !, de manque de « soupe de carcasse » pouvant servir de fond de cuisson, il existe des bouillons déshydratés en tablettes qui pourront se substituer à la soupe dans d'autres recettes.

Préparation : 30 mn
Cuisson : 1 h environ
Pour 6 personnes

- 1 carcasse d'oie ou de canard gras comprenant les aiguillettes, les ailerons et le cou sans la peau
- 4 carottes moyennes épluchées
- 1/2 boule de céleri épluchée et coupée en 4
- 1 petit chou vert pommé et blanchi
- 4 grosses pommes de terre, Rosewald de préférence, pelées
- 1 rave (ou navet) moyenne épluchée
- 3 gousses d'ail pelées et dégermées
- 1 oignon non épluché, lavé et piqué d'un clou de girofle
- 10 grains de poivre noir
- Sel gris marin
- 20 fines tranches de pain de seigle

Dans un faitout, déposer la carcasse. Recouvrir de 3,5 l d'eau froide. Porter à ébullition en écumant régulièrement. Saler, poivrer. Ajouter tous les légumes laissés entiers et les aromates. Couvrir à moitié. Cuire 50 mn à petits bouillons. Retirer les légumes, garder le bouillon. Dans une soupière, déposer 20 fines tranches de pain de seigle rassis. Verser dessus le bouillon non dégraissé. Couvrir. Laisser tremper 10 mn au chaud (à l'entrée du four).
Servir dans des assiettes à calotte, idéales pour « faire chabrot ».

Les légumes et la carcasse égouttés pourront être servis en entrée avec une mayonnaise, de la moutarde ou une vinaigrette à l'échalote.
Une fois filtrée, peut être gardée 2 jours au réfrigérateur ou plusieurs semaines au congélateur.
« Faire chabrot » consiste à verser du vin dans un fond de bouillon pour effacer la fatigue et les soucis du labeur quotidien et se donner « du cœur au ventre ».

Préparation : 30 mn
Cuisson : 50 mn environ
Pour 6 personnes

- 750 g d'asperges pelées avec un épluche-légumes en insistant fortement afin d'éliminer toutes les parties fibreuses
- 1 oignon moyen épluché et émincé
- 1 cuil. à soupe de graisse
- 50 cl de crème fraîche
- 1 jaune d'œuf
- 1 cuil. à soupe de riz rond
- Sel, poivre blanc du moulin
- 1 pincée de bicarbonate de soude

Crème aux asperges d'Azur

Sectionner les têtes des asperges sur 3 cm. Emincer les queues.
Dans un faitout, chauffer la graisse pour étuver à feu doux l'oignon et les queues d'asperges. Mouiller avec 2,5 l d'eau.
Ajouter le riz. Saler, poivrer. Couvrir pour 45 mn d'ébullition à feu modéré.
Passer le contenu du faitout au moulin à légumes – grille fine – afin de retenir les filaments des asperges. Réserver.
Cuire les têtes d'asperges à grande eau salée 8 mn avec un soupçon de bicarbonate de soude. Réserver.
Mélanger dans un bol à l'aide d'un petit fouet le jaune d'œuf et la crème fraîche que vous incorporerez, hors du feu et à la dernière minute, à la crème d'asperges.
Remettre le potage sur le feu. Le goûter. Rectifier l'assaisonnement si nécessaire.
Déposer les têtes d'asperges dans la soupière. Y verser le potage.
Servir la crème d'asperges avec des petits dés de croûtons frits à la graisse.

Le velouté apporté par le riz peut être remplacé par une pomme de terre ou par une cuillère à café de maïzena. Pratiquement tous les légumes du potager peuvent subir cet apprêt, y compris cresson ou persil, et se consommer froid.

Soupe à la citrouille

Dans un faitout, chauffer la graisse pour y faner carottes, poireaux et céleri. Saupoudrer de farine de maïs ou de polenta. Remuer en permanence sur feu doux pendant 2 mn. Ajouter 3 litres d'eau, le laurier, les haricots, la citrouille. Saler, poivrer. Couvrir pour 45 mn de cuisson douce. Oter le laurier et le céleri.
Passer alors au moulin à légumes grille fine ou au mixeur. Avant de servir, ajouter la crème fraîche et quelques petits croutons de pain frits dans la graisse.

Contrairement au potiron qui est jaune-orange, la citrouille est blanc cassé jusqu'au vert, avec un renflement au pied du pédoncule.
Bien sûr, l'une ou l'autre conviennent pour cette recette.

Préparation : 30 mn
Tremper haricots la veille
Cuisson : 50 mn environ
Pour 6 personnes

- 1,5 kg de citrouille épluchée, épépinée et coupée en cubes
- 2 blancs de poireaux nettoyés et émincés
- 2 carottes moyennes pelées et émincées
- 150 g de haricots blancs frais écossés ou s'ils sont secs, mis à tremper la veille avec un soupçon de bicarbonate et pré-cuits pendant 1 h dans de l'eau non salée
- une branche de céleri
- 2 cuil. à soupe de farine de maïs ou de semoule fine de polenta
- 2 cuil. à soupe de graisse
- 5 cl de crème fraîche épaisse
- 1/2 feuille de laurier
- Sel et poivre du moulin

Préparation : 15 mn
Cuisson : 45 mn environ
Pour 6 personnes

- 1,5 kg d'un mélange de poissons de mer (saint-pierre, merlus, vives, grondins avec têtes et arêtes, détaillés en quartiers, lavés et rincés)
- 1 oignon moyen pelé et émincé
- 2 pommes de terre moyennes, pelées et coupées en quartiers
- les sommités d'un bulbe de fenouil
- 8 gousses d'ail épluchées, dégermées et écrasées
- 1 petit piment d'Espelette
- 2 + 2 cuil. à soupe d'huile d'olive
- 1 jaune d'œuf
- 1/2 feuille de laurier
- 5 brins de persil plat
- Gros sel gris marin et poivre du moulin

Soupe des pescayres

Dans un faitout, chauffer 2 cuillères à soupe d'huile pour y flétrir l'oignon à feu doux. Quand il est translucide, ajouter les quartiers de poissons, les pommes de terre, le fenouil, le laurier, le persil et le piment. Poivrer légèrement. Ne pas saler dans l'immédiat. Recouvrir largement d'eau froide. Porter à ébullition. Couvrir pour 35 mn de cuisson à feu vif.
Dans un bol, ou mieux dans un mortier, déposer les gousses d'ail écrasées avec 2 cuillères à café rases de gros sel, ajouter le jaune d'œuf et monter en mayonnaise avec l'huile restante. Ajouter 8 cl de cuisson des poissons.
Réserver.
Mixer la soupe. La passer au moulin à légumes grille fine. Remettre sur le feu et incorporer, à l'aide d'un petit fouet, le contenu du mortier. Goûter, rectifier l'assaisonnement si nécessaire. Servir brûlant accompagné de croûtons frits à l'huile d'abord et frottés d'ail ensuite.

Autrefois terre aride, les Landes d'aujourd'hui, couvertes de pins en majorité, restent parsemées de ruisseaux, rivières et lacs et adossées à l'océan. C'est un paradis pour les pêcheurs, qu'ils soient de terre ou de mer, grâce à la diversité de ses produits.

Chaudeau

Préparation : 10 mn
hors cuisson du bouillon
Cuisson : 45 mn
Pour 6 personnes

- 2 l de soupe de carcasse de l'hiver (voir p. 13) débarrassée de ses légumes, ou à défaut des tablettes de bouillon de volaille
- 1/2 l de vin blanc sec
- 1 éclat de bâton de cannelle
- 1 clou de girofle
- 2 œufs frais entiers
- 2 gousses d'ail pelées, dégermées et écrasées
- 1 cuil. à soupe de sucre semoule
- 10 grains de poivre noir écrasés

Dans une toupine ou un faitout, chauffer le bouillon de la soupe de carcasse. Ajouter vin blanc, cannelle, ail, poivre, clou de girofle. Ne pas saler, la soupe l'est déjà. Couvrir et cuire 40 mn à feu doux. Au moment de servir, dans la soupière, mélanger à l'aide d'un petit fouet, œufs et sucre. Verser alors le bouillon filtré en fouettant énergiquement. Servir aussitôt avec ou sans pain.

Entrées, légumes et sauces

Préparation : 30 mn
Cuisson : 30 mn
Pour 4 personnes

- 800 g de pommes de terre (Manon, Belle de Fontenay ou Kerpondy de préférence) épluchées, coupées en quartiers
- 600 g de céleri-rave, épluché, coupé en quartiers
- 2 gousses d'ail épluchées, dégermées, écrasées
- 3 cuil. à soupe de graisse
- 2 cuil. à soupe de crème fraîche épaisse
- 1 râpée de muscade
- 1/4 de feuille de laurier
- 1 l de bouillon de carcasse (voir p. 13)
- Sel, poivre blanc du moulin

Purée d'hiver

Dans une casserole, inox ou émail, chauffer la graisse pour y flétrir à feu doux céleri, pommes de terre et ail.
Remuer souvent pour que les légumes s'imprègnent du gras sans colorer. Saler et poivrer peu. Ajouter le laurier, la râpée de muscade. Recouvrir à hauteur de bouillon. Cuire 30 mn à feu doux, couvercle à moitié posé. Les légumes doivent avoir absorbé la cuisson. Retirer le laurier. Passer le tout au moulin à légumes grille fine, à défaut au mixer. Avec une spatule, travailler sur feu doux pour incorporer la crème fraîche. Servir.
Peut accompagner viandes et gibiers.

Variante
Si vous n'aimez pas le céleri-rave, ne garder que les pommes de terre. Préparer la purée comme ci-dessus. Hors du feu, incorporer 2 jaunes d'œufs, du gruyère râpé puis les blancs battu en neige. Faire gratiner à four chaud.

Terrine landaise

Préparation : 45 mn
Cuisson : 50 mn
Pour 10 personnes

- 300 g de gorge de porc découennée
- 300 g de poitrine de porc désossée et découennée
- 200 g de foies de volaille maigres, le fiel enlevé
- 150 g de foie gras confit, coupé en petits dés
- 1 gousse d'ail pelée et dégermée
- 1 échalote grise pelée et hachée très fin
- 2 œufs frais entiers
- 3 cuil. de crème fraîche
- 4 cuil. à soupe de graisse de canard
- 1 bonne pincée de quatre-épices
- 1 feuille de laurier
- 10 cl de pacherenc (de préférence, du vic-bilh)
- 4 cl d'armagnac
- 10 g de sel fin marin - 5 g de poivre noir moulu
- Prévoir une planchette dans un bois non résineux d'une taille un peu plus petite que la terrine

Frotter un plat creux avec la gousse d'ail. Hacher à la machine grille moyenne ou au mixeur, les morceaux de porc, les dés de foie gras confit et les foies de volaille. Ajouter à ce hachis échalote, œufs, crème, quatre-épices, armagnac, pacherenc, sel et poivre. Mélanger en ramenant les bords vers le centre. Lorsque la masse est homogène, en garnir une terrine. Tasser la chair avec le poing fermé passé sous l'eau fraîche. Placer au centre de la terrine la feuille de laurier. Préchauffer le four th. 6 (180°). Poser la terrine dans un bain-marie. Enfourner pour 50 mn. Vérifier la cuisson en enfonçant 30 secondes une aiguille à tricoter au milieu. Sa température doit être à peine supportable à la paume de la main. Sortir la terrine du four. L'arroser d'un peu d'armagnac. La presser avec une petite planchette de la taille du contenu, lestée d'un poids. Enlever cette planchette 6 heures après. Couler sur la terrine 4 cuillères de graisse de foie gras chaude pour l'isoler durant la semaine qu'elle doit passer au réfrigérateur. A déguster comme entrée ou sur de grandes tartines de pain de campagne grillées.

A consommer dans les 8 jours suivants, sinon il faut la cuire au moins 2 heures. Couvrir de graisse pour le garder plus longtemps.

Omelette aux pesquits

Préparation : 10 mn
Cuisson : 5 mn
Pour 4 personnes

- 10 œufs
- 2 poignées de pesquits ou de lançons non vidés (ou toute autre friture de petits poissons)
- 1 petit piment « royal » du potager, égrené et émincé le plus fin possible
- 20 branches de ciboulette ciselée fin
- 2 cuil. à soupe de graisse
- 1 cuil. à soupe de farine
- Sel et poivre du moulin
- 1 l de friture à poisson

Laver soigneusement à l'eau fraîche la petite friture. Egoutter. Eponger sur un torchon ou sur un papier absorbant.
Dans une assiette creuse à calotte, déposer la farine. Saler et poivrer. Mélanger. Remuer afin qu'ils s'imprègnent, les étaler sur un grand plat.
Dans une friteuse, chauffer 1 litre de friture. Lorsqu'elle est très chaude, y plonger les pesquits 2 mn. Les sortir avec une araignée ou une écumoire. Les égoutter sur du papier absorbant. Les réserver au chaud.
Dans un saladier, casser les œufs. Saler et poivrer. Ajouter la ciboulette. Battre vigoureusement à la fourchette.
Dans une poêle anti-adhésive, chauffer fortement les 2 cuillères de graisse. Parsemer de petits morceaux de piment. Verser immédiatement les œufs battus, puis les pesquits déjà frits en maintenant un feu très vif. A l'aide d'une cuillère en bois, donner d'une main un mouvement de circonvolution et de l'autre main, un mouvement de va-et-vient à la queue de la poêle. Lorsque les bords de l'omelette se coagulent, replier deux côtés pour lui donner une forme ovale. La basculer sur un plat et servir immédiatement.
Selon que vous aimez l'omelette baveuse ou très cuite, vous accentuerez plus ou moins la cuisson.

Les pesquits sont des petits poissons d'eau douce tandis que les lançons sont des petits poissons d'eau de mer enfouis dans le sable des plages à marée basse. Ils peuvent être remplacés par d'autres petites fritures.

Préparation : 5 mn
Cuisson : 8 mn
Pour 4 personnes

- 8 œufs frais
- 12 repousses vertes d'oignons rouges de Tropea, appelées augnouasses du côté de Dax, émincées très fin
- 1 cuil. à soupe de graisse
- Sel et poivre du moulin
- 1 lampée de lait

Omelette à « l'augnouasse »

Dans un saladier, casser les œufs. Saler et poivrer. Ajouter la lampée de lait. Battre avec un petit fouet.
Dans une poêle, chauffer la graisse. Verser les œufs. Laisser prendre. Parsemer des repousses de l'augnouasse émincées. Cuire encore 5 mn mais l'omelette doit rester baveuse.
Replier sur 2 côtés. Verser dans l'assiette.

Variante
Suivant la saison, on peut réaliser cette omelette avec des petits piments du potager émincés ou une poignée d'oseille ou d'épinards ébouillantés et hachés finement ou encore quelques pointes d'asperges cuites quelques minutes à l'eau.
On peut enfin la faire aux bidaous, aux pommes de terre et oignons, nettoyés, coupés en lamelles et sautés dans une poêle.
On la faisait aussi autrefois dans les Landes aux « chichons » ou aux « graisserons » (résidus de viande qui restaient au fond du chaudron après cuisson des confits).

Les bidaous sont des petits champignons de sable que l'on trouve sous les pins en automne. En saison, on peut les remplacer par des girolles.

Lou crespets

Préparation : 5 mn

Cuisson : 15 mn au total

Pour 4 personnes

- 8 œufs frais entiers, cassés un par un dans un verre
- 2 l de friture (huile) de tournesol, maïs ou arachide au choix, qui supportent particulièrement bien la cuisson

Chauffer l'huile dans une cocotte en fonte noire. Lorsqu'elle chante (vérifier en versant 2 ou 3 gouttes d'eau dans l'huile ; l'eau fait grésiller l'huile), la maintenir à la même température. Commencer par verser délicatement 4 œufs, un par un dans la friture brûlante. Retourner chaque œuf à deux ou trois reprises avec une spatule ou une cuillère en bois pendant 2 à 3 mn. Le blanc va souffler et prendre une couleur noisette claire. Egoutter alors immédiatement avec une araignée (écumoire) et les poser sur un torchon plié en quatre ou un papier absorbant. Renouveler l'opération pour les quatre suivants. Vos œufs pourront être réchauffés au four 1 mn environ et seront prêts pour être accompagnés d'un saupiquet (voir p. 46). On peut également les servir sur des tranches épaisses de mousset (jambon de pays) vivement passées dans une poêle en aller-retour.

En pays landais, foin de parisianisme, les œufs sont frits à la graisse, dans la tradition.

Blanquette de légumes

« Au retour du potager » pourrait s'appeler cette recette dont la composition est sans limite suivant les saisons.

Préparation : 45 mn

Cuisson : 35 mn

Pour 6 personnes

- 2 cuil. à soupe de graisse
- Blanc de 2 poireaux nettoyés, coupés en rondelles de 2 cm d'épaisseur
- 2 carottes moyennes, épluchées, coupées de la même manière
- 1 poignée de haricots verts frais, équeutés
- 1 petit bol de févettes épluchées
- 1 petit bol de haricots blancs frais écossés
- 2 gousses d'ail, pelées, dégermées et écrasées
- 3 oignons nouveaux, nettoyés, le vert enlevé, la tête coupée en 4
- 4 branches de céleri épluchées au couteau à légumes et coupées en bâtonnets de 3 cm
- 20 pièces de bidaous (ou autres champignons suivant la saison)
- 2 jaunes d'œufs
- 2 cuil. à soupe de crème fraîche
- le jus d'1/2 citron
- Sel et poivre blanc du moulin
- 1/2 feuille de laurier
- la moitié d'un clou de girofle
- 10 cl de vin blanc sec
- 2 pommes de terre « Manon » épluchées, coupées en tranches d'1 cm

Dans une cocotte, déposer tous les légumes et aromates avec la graisse, saler et poivrer. Couvrir d'eau à hauteur. Ajouter le vin blanc. Poser une assiette afin d'immerger totalement la préparation. Porter à ébullition. Couvrir. Cuire 30 mn à feu doux.

Dans un bol, clarifier les jaunes d'œufs. Ajouter crème fraîche et jus de citron. Mélanger vigoureusement avec le petit fouet.

Vérifier la cuisson des légumes en les piquant avec une fourchette. Couper le feu. Par un mouvement de rotation, incorporer le contenu du bol pour lier votre blanquette. Ne pas refaire bouillir et si nécessaire réchauffer au bain-marie. Quelques pluches de persil plat pourront décorer ce ragoût.

Servir tel quel ou en accompagnement d'un poisson ou d'une viande blanche.

Préparation : 10 mn

Pour 4 personnes

- 1 livre de pissenlits
- 2 gousses d'ail émincées très fin
- 2 cuil. à soupe de pignons de pin
- 1 cuil. à café de moutarde
- 4 cl de vinaigre de vin
- 8 cl d'huile de noix
- Sel et poivre du moulin
- 1 ou 2 fleurs de capucines ou tout autre fleur comestible

Salade madeleine

Laver soigneusement les pissenlits à 4 reprises. Egoutter. Dans un saladier, verser le vinaigre. Saler et poivrer. Ajouter la moutarde. Bien mélanger avec un petit fouet. Incorporer progressivement l'huile de noix. Ajouter l'ail à la vinaigrette 10 mn avant de servir ; ajouter salade et croûtons. Mélanger (touiller) avec insistance. Laisser reposer.
Saupoudrer de pignons de pin à la dernière minute avant de la servir, par exemple, avec un confit de porc froid (voir p. 101).

Soyez extrêmement prudents sur la provenance des pissenlits, les chèvres et moutons étant porteurs de la « douve » du foie, dangereuse infection transmissible à l'homme. En cas de doute, prendre une salade frisée.

Préparation : 20 mn

Cuisson : 2 mn

Pour 4 personnes

- 300 g de mâche
- 1 magret de canard fumé
- 4 gésiers d'oie ou de canard confits, émincés le plus fin possible
- 2 clémentines épluchées, séparées en quartiers.
- Le jus d'1/2 citron
- 3 cuil. à soupe d'huile d'olive
- Sel et poivre du moulin

Salade châtelaine

A l'aide d'un épluche-légumes, prélever 3 zestes sur les clémentines et les découper en julienne.
Placer le magret au congélateur durant 10 mn pour le trancher très finement et plus facilement.
Dans un saladier, déposer le jus de citron, la julienne de zestes, le sel et le poivre. Mélanger. Ajouter l'huile d'olive progressivement. Ajouter la mâche, la moitié des quartiers de clémentine, une partie des tranches de magret. Mélanger.
Dans une poêle chaude, faire sauter vivement les gésiers pendant 20 mn. Parsemer la salade du reste du magret et des clémentines, verser les gésiers chauds par-dessus. Servir immédiatement et donner, sur la table, à la dernière minute, 2 tours de couverts à salade.

Préparation : 30 mn
Cuisson : 2 h
Pour 8 personnes

- 500 g de poitrine de veau de lait ou de collet désossé et coupé en dés d'1 cm environ
- 2 tranches de jambon coupées en fins lardons
- 1 chou pommé de 1,5 kg environ
- 4 carottes moyennes épluchées et émincées fin
- 1 oignon moyen pelé et émincé fin
- 1 grosse tomate de Marmande très mûre ébouillantée, pelée et écrasée
- 1 râpée de muscade
- 2 œufs entiers
- 2 cuil. à soupe de graisse + 1 pour graisser la cocotte
- Sel et poivre du moulin

Chou farci au veau du Bazadais

Démonter les feuilles du chou et araser les côtes à l'aide d'un petit couteau. Les laver soigneusement. Les ébouillanter 10 mn dans un grand faitout d'eau salée. Les rafraîchir sous l'eau froide. Les égoutter. Les réserver.

Dans une cocotte, chauffer 2 cuillères de graisse pour y flétrir les lardons, le veau, les carottes et l'oignon. Ajouter alors la tomate. Saler et poivrer. Couvrir pour 50 mn de cuisson lente. Surveiller pour éviter que la préparation n'attache. Sortir du feu. Laisser refroidir. Incorporer à la farce les 2 œufs battus et la râpée de muscade.

Graisser du bout des doigts une cocotte ronde en fonte avec la cuillère de graisse restante. Tapisser les bords et le fond avec les feuilles vertes du chou. Garnir d'un quart de la farce et recouvrir de feuilles de chou. Renouveler l'opération 3 fois en terminant par des feuilles de chou. Tasser et couvrir. Cuire 50 mn à four doux th. 5 (160°).

Démouler en retournant la préparation sur un plat. Servir tel quel ou accompagné d'une sauce à la tomate.

Préparation : 15 mn

Cuisson : 15 mn

Pour 4 personnes

- 4 feuilles de brick coupées en 4
- 1 œuf battu à la fourchette mélangé à 1 cuil. à soupe d'eau pour la dorure
- 150 g de foie gras confit ou de conserve coupé en petits dés
- 1 bain de friture

Rissoles au foie gras

Sur la table de cuisine ou le plan de travail, étaler les quartiers de brick. Répartir les dés de foie gras au centre de chaque quartier de brick. Badigeonner les bords de dorure. Refermer la pâte sur elle-même en forme de triangle. Retourner les triangles ainsi formés et presser légèrement pour souder les bords.
Chauffer la friture, lorsqu'elle chante, à l'aide d'une écumoire, déposer délicatement 2 ou 3 rissoles suivant la taille du bain de friture. Les retourner au bout de 20 secondes pour 20 autres secondes de friture. Egoutter sur un papier absorbant. Renouveler l'opération jusqu'à épuisement des rissoles. A croquer chaud.

Les rissoles peuvent aussi être réalisées avec une pâte feuilletée, étendue au rouleau à pâtisserie le plus fin possible, détaillée en cercle, repliée sur elle-même en forme de chausson puis refermée avec les dents d'une fourchette. Le mode de cuisson est le même que précédemment.

Carpaccio de magrets

Préparation : 40 mn

Pour 4 personnes

- 2 magrets de canard de 300 g ultra-frais (n'oubliez pas qu'il s'agit de viande crue), le gras totalement enlevé
- Le jus d'un citron
- 4 cuil. à soupe d'huile d'olive
- 1 cuil. à café de moutarde blanche
- 1 pincée de piment d'Espelette en poudre
- Sel fin, poivre du moulin

Dans un petit récipient, verser le jus de citron, la moutarde, le sel, le piment. Mélanger pour dissoudre le sel. Ajouter l'huile. Emulsionner avec un mixer. Réserver.

Placer quatre grandes assiettes plates au réfrigérateur. Laisser 20 mn au congélateur les magrets dégraissés (ils seront ainsi plus faciles à couper en très fines tranches)

Sortir les magrets pour les découper dans le sens de la longueur, le plus fin possible (de l'épaisseur d'une feuille de papier à cigarettes !).

A l'aide d'un pinceau, badigeonner copieusement le fond des assiettes avec l'émulsion. Y ranger les tranches de magrets sans les chevaucher. Badigeonner de nouveau. Replacer vos assiettes 10 mn au réfrigérateur.

Le carpaccio est prêt à être dégusté.

Servir accompagné de feuilles de pourpier ou de roquette.

Créé en 1950 à Venise en hommage au peintre Vittore Carpaccio, ce plat est devenu synonyme d'une recette à base de viande rouge crue et s'adapte parfaitement à l'une des plus importantes productions landaises, le canard.

Préparation : 1 h avant

Cuisson : 10 mn + 30 mn

Pour 4 personnes

- 16 huîtres d'Hossegor
- 2 cuil. à soupe de farine fluide
- 1 cuil. à soupe de farine à poudre levante (sinon, 1 pincée de levure chimique mélangée à la farine)
- 1 pincée de curry
- 1 œuf frais entier
- 25 cl de bière
- 2 cuil. à soupe d'huile
- 1 pincée de sel
- 8 tranches de poitrine de porc salée, fumée et découennée de 3 mm d'épaisseur ou 16 tranches de bacon prédécoupées

Beignets d'huîtres d'Hossegor

Pour préparer la pâte à frire, déposer dans un saladier les farines en fontaine. Au milieu de la fontaine, déposer l'œuf, le curry, le sel. Verser l'huile et mélanger le tout avec une spatule. Incorporer progressivement la bière jusqu'à obtention d'une pâte « mollette ». Recouvrir d'un film alimentaire. Réserver au frais pendant 1 heure.

Ouvrir les huîtres. Jeter la première eau. Les décoquiller dans une petite casserole en émail ou inox. Poivrer (inutile de saler). Poser sur le feu. Faire chauffer doucement en donnant un mouvement circulaire à votre casserole. Sortir du feu avant l'ébullition. Laisser pocher 10 mn. Les égoutter soigneusement.
Dans une poêle anti-adhésive, griller les tranches de poitrine. Réserver au chaud.
Chauffer un bain à friture. Passer une à une vos huîtres dans la pâte à frire. Les plonger 30 secondes dans la friture chaude. Les égoutter sur un papier absorbant.
Déposer les beignets dans un plat. Poser les tranches de poitrine ou le bacon à cheval sur les beignets et servir aussitôt.

Préparation : 15 mn
Cuisson : 40 mn environ
Pour 6 personnes

- 1 foie de canard de 600 g maximum débarrassé de son fiel
- 1 très grande barde de lard
- 1 l de lait
- 1 cuil. à soupe d'armagnac
- Sel et poivre du moulin dans la proportion de 12 g de sel pour 5 g de poivre
- Prévoir une planchette dans un bois non résineux, d'une taille un peu plus petite que la terrine

Terrine de foie gras frais

Choisir un foie ferme. Le masser avec l'armagnac. Séparer les deux lobes. Les assaisonner.
Préchauffer le four à th. 6 (180°). Y installer un bain-marie.
Barder une terrine. Y déposer les deux lobes. Tasser. Rabattre la barde. Couvrir.
Dans le bain-marie, déposer la terrine pour 40 mn de cuisson environ. Vérifier la cuisson avec une brochette en métal plantée 20 secondes dans le foie. Elle doit en ressortir nette et chaude à la paume de la main. Sortir alors du bain-marie. Laisser reposer à température ambiante.
Oter le couvercle. Recouvrir le foie de la planchette en bois. Poser dessus un poids d'au moins 500 g. La graisse en excédent va monter et se figer. La retirer et la réserver. Attendre 1 heure. Oter la planchette. Couler sur la terrine une partie de l'excédent de graisse réservée. Laisser mûrir au moins cinq jours au réfrigérateur avant de consommer. Ne pas dépasser 10 jours pour la servir.

Terrine « Suzanne »

Préparation : 15 mn
Stérilisation : 2 h 30

- Pour 3 bocaux de 350 g chacun avec un couvercle étanche et pour 2 ou 3 personnes par bocal
- 1 foie de canard de 650 g environ débarrassé soigneusement de son fiel (mais les foies d'aujourd'hui sont presque toujours vendus préparés)
- Sel et poivre du moulin dans la proportion de 4 g de poivre pour 10 g de sel
- Facultatif : 1/2 cuil. à café d'armagnac par bocal

Déposer votre foie sur le plan de travail. Séparer les deux lobes. Avec les mains, le couper en morceaux. Retirer les filaments qui relient les morceaux entre eux (tout au moins les plus gros et les plus rouges). Tasser fortement (vigoureusement) les morceaux de foie dans les bocaux. Saler, poivrer. Ajouter si vous le voulez une petite cuillère d'armagnac. Fermer hermétiquement les couvercles. Dans un faitout, ou mieux dans un stérilisateur, les stériliser pendant 2 heures environ minimum.
Peut se garder au frais plusieurs mois et même plusieurs années.

« La tradition landaise c'est le foie pur, le reste c'est du commerce. » Cette phrase d'un vieux Landais de souche traduit bien l'esprit qui commandait autrefois à la réalisation des terrines de foie gras.
Les foies d'oie ou de canard se cuisaient dans des toupines de fonte ou de cuivre dans lesquelles mijotaient déjà les confits. Ils étaient conservés ensuite dans des pots en grès pendant plusieurs mois, méthode difficile à réaliser aujourd'hui. Nous vous proposons trois recettes modernes de préparation, selon que vous vouliez le consommer très vite ou plus tard. A vous de juger de leur saveur respective.

Foie frais au chaudron

Préparation : 5 h + marinade
Cuisson : 50 mn

- 1 foie d'oie de 700 à 800 g ou un foie de canard de 500 à 600 g (ne pas dépasser ce poids, vous vous exposeriez à un important rejet de graisse et risqueriez d'obtenir un foie rêche et sans moelleux)
- 5 cl d'armagnac
- 1 cuil. à café rase de sucre semoule
- 6 g de poivre blanc du moulin
- 12 g de sel marin

Si vous avez acheté votre foie sur un marché au gras, ou directement à la ferme, il faut le préparer et le débarrasser de toute trace de fiel.
Dans un bol, mélanger poivre, sel et sucre. Assaisonner le foie du mélange.
Dans un saladier, verser l'armagnac. Y déposer le foie pour le laisser mariner 4 heures en le retournant très souvent pour qu'il soit bien imprégné.
Dans un récipient en cuivre ou en fonte, guère plus grand que le foie, chauffer la graisse d'oie ou de canard à la température impérative de 60°.
Immerger délicatement le foie dans la graisse. Surveiller que la température soit conservée. Laisser cuire 40 mn pour un foie de canard, 50 mn pour un foie d'oie. Couper le feu. Laisser refroidir puis laisser mûrir quatre jours au réfrigérateur, la graisse recouvrant complètement le foie.
Il peut alors être consommé tel quel. On peut aussi, une fois sorti de sa graisse, l'envelopper très serré dans un film alimentaire étirable et le garder ainsi 8 jours au réfrigérateur ou le déposer dans une terrine à sa taille et le recouvrir entièrement de graisse tiède. Il pourra mûrir encore 15 jours au réfrigérateur, ce qui développera son onctuosité.
La congélation ou la stérilisation éventuelle d'une telle préparation est à proscrire car elle nuirait à son moelleux.
Servir avec de grandes tranches de pain de campagne humectées de la graisse de cuisson et grillées à feu vif.
Délicieux avec une compotée de figues et d'oignons blancs.

Préparation : 30 mn
Cuisson : 40 mn
Pour 4 personnes

- 1,5 kg de bolets, le pied nettoyé, chapeau et queue frottés avec un torchon humide puis coupés en quartiers
- 2 échalotes pelées et émincées
- 3 gousses d'ail pelées, dégermées et émincées
- 500 g de tomates bien mûres, ébouillantées, pelées et écrasées
- 2 cuil. à soupe d'huile d'olive
- 1 branchette de thym
- Sel et poivre du moulin

Fricassée de « nonette voilée »

La « nonette voilée » n'est rien d'autre que le bolet bai, appelé aussi bolet grêle dans les Landes, très présent tant aux pieds des pins sylvestres qu'aux pieds des pins maritimes. La nonette étant moins parfumée que le cèpe « tête de nègre », la fricassée donne du tempérament à cet excellent cryptogame.

Dans une poêle, chauffer l'huile d'olive pour étuver sans coloration champignons, ail et échalotes. Saler et poivrer. Dans une cocotte, verser le mélange. Ajouter tomates et thym. Couvrir pour 40 mn de cuisson lente.
Cette fricassée, que l'on pourra garder plusieurs jours au réfrigérateur, peut accompagner viandes blanches, ou volailles rôties.

En général, le mode de cuisson le plus simple pour les champignons, quels qu'ils soient, consiste à les faire sauter dans une poêle anti-adhésive avec de la graisse ou de l'huile d'olive. Nous vous conseillons, en fin de cuisson, une persillade pour les cèpes, bolets ou dérivés, et pour les pieds-de-mouton, girolles et autres espèces du même ordre, des échalotes hachées fin et de la crème fraîche.
Il est déconseillé de laver les champignons, ou alors le plus rapidement possible pour en conserver tout l'arôme. Les essuyer soigneusement avec du papier absorbant ou un linge. Il est aussi déconseillé d'utiliser les queues des bolets grêles, dits également bolets bleus à Soustons qui ont la réputation d'être fades.

Sauce aux cèpes

Pour accompagner viandes, volailles, etc.

Préparation : 45 mn
Cuisson : 3 h 30 en 2 fois

- 6 échalotes grises épluchées et hachées
- 7 gousses d'ail épluchées, dégermées et hachées
- 6 tranches moyennes de jambon du saloir hachées fin
- 2 kg de cèpes frais, nettoyés. Réserver les têtes. Hacher fin les queues
- 1/2 l de jurançon sec ou tout autre blanc moelleux
- 5 cl d'armagnac
- 1 l de bouillon de volaille ou de carcasse (voir p. 13)
- 2 cuil. à soupe d'huile ou de graisse
- Poivre du moulin. Pas de sel si le jambon est déjà salé

Dans une cocotte, chauffer une cuillère de graisse pour y faner ail, échalotes et jambon.
Dans une poêle, faire revenir, sans coloration avec la deuxième cuillère de graisse, le hachis de queues de cèpes. L'égoutter en réservant l'huile dans laquelle vous ferez frire, par la suite, les têtes de cèpes qu'une fois égouttées vous ajouterez au hachis.
Verser le vin dans une casserole. Porter à ébullition. Flamber. Laisser réduire d'un quart.
Dans la cocotte, ajouter le contenu de la poêle (cèpes). Flamber à l'armagnac. Ajouter vin réduit et bouillon. Poivrer, saler si nécessaire. Cuire couvert 1 h 30 à feu très doux. Réserver.
Recommencer la cuisson 1 h 30 le lendemain à feu très doux. Surveiller le liquide et rajouter un peu d'eau si nécessaire.
Vous pouvez conserver cette sauce plusieurs mois en la mettant en bocaux que vous ferez stériliser 2 heures.

A Saint-Vidou, à côté de Villeneuve-de-Marsan, Aline Dumon, quatrième génération d'aubergistes landaises, dirige avec talent et enthousiasme un restaurant apprécié des connaisseurs.

Préparation : 30 mn
cuisson : 1 h
Pour 4 personnes

- 50 g de lard gras salé, coupé en fins bâtonnets
- 1 oignon pelé, haché fin
- 3 gousses d'ail pelées, dégermées, écrasées
- 1 grosse tomate de Marmande très mûre, ébouillantée, pelée, écrasée
- 5 g de gingembre frais et râpé
- 1 éclat de bâton de cannelle
- 1 clou de girofle
- 1 petite branche de céleri, 1 branchette de thym et 1 feuille de laurier liés en bouquet
- 70 cl de vin rouge de Tursan
- 2 cl d'armagnac (facultatif)
- 1 cuil. à soupe de vinaigre de vin rouge
- 20 g de pain rassis émietté
- Sel gris marin, poivre noir du moulin

Saupiquet

Dans une casserole ou une cocotte, faire fondre le lard gras. Ajouter les oignons. Les flétrir à feu doux. Lorsqu'ils sont devenus translucides, mouiller de vin rouge. Saler et poivrer. Ajouter ail, épices, bouquet garni, tomates. Incorporer la mie de pain. Mélanger. Couvrir. Cuire 1 h à feu très doux. En fin de cuisson, vous pouvez ajouter l'armagnac.

Cette sauce, avec laquelle vous napperez le fond d'un plat pour y poser les œufs frits réchauffés avant de servir, pourra également accompagner lapin, volaille ou gibier rôtis.

Sauce au vert

Préparation : 20 mn
Cuisson : aucune

- 30 cl d'huile de tournesol (elle ne fige pas, ce qui permet de conserver la sauce plusieurs jours au réfrigérateur)
- 2 jaunes d'œufs
- 2 œufs cuits durs et écalés, écrasés à la fourchette
- 1 cuil. à soupe rase de moutarde
- 1 cuil. à soupe de vinaigre de vin
- 1 bouquet de persil plat
- 1 petite botte d'oseille équeutée
- Les feuilles d'une branche d'estragon
- 1 pincée de sel fin
- 1 pincée de piment d'Espelette en poudre

Dans un saladier, déposer le vinaigre, la moutarde, le sel et le piment. A l'aide d'un petit fouet, dissoudre le sel et le piment. Ajouter les jaunes d'œufs crus en tournant. Incorporer l'huile en la versant en filet, de façon continue et sans arrêter de fouetter. La mayonnaise est prête.
Rincer toutes les fines herbes, les éponger, les ciseler le plus fin possible et les déposer dans un linge étamine.
Au-dessus de la mayonnaise, replier le linge par torsion, en exprimer tout le jus. Ajouter les œufs durs, le hachis d'herbes. Bien mélanger. Réserver au réfrigérateur.

Excellent pour accompagner asperges, tête de veau, poisson poché ou viande froide.

Poissons

Préparation : 20 mn après habillage du poisson
Cuisson : 20 mn
Pour 4 personnes

- 2 soles à filets de 700 g chacune, pelées. Lever 8 filets et les battre avec un gros couteau de cuisine
- 100 g de beurre
- 2 cuil. à soupe de pignons de pin
- 2 cuil. à soupe de câpres
- 2 cuil. à soupe d'huile
- 2 cuil. à soupe de farine
- 2 cuil. à soupe de vinaigre de cidre
- 1 petit bouquet de persil plat haché
- Sel et poivre du moulin

Filets de Sole « belle gironnaise »

Eponger les filets. Saler et poivrer. Les passer rapidement dans la farine. Tapoter avec le bout des doigts pour en enlever l'excédent. Réserver sur un plat.
Pour un meilleur résultat, prendre 2 poêles anti-adhésives. Chauffer huile et beurre répartis entre les deux. Lorsque le beurre devient blond, déposer dans chaque poêle 4 filets de sole, le côté touchant l'arête posé à même la poêle. Maintenir à feu vif 4 mn environ. Retourner alors les filets pour 4 mn supplémentaires de cuisson. Retirer les poêles du feu. Dresser les filets sur un plat légèrement graissé avec un peu du gras de cuisson (utiliser un pinceau si vous ne voulez pas vous salir les mains !). Réunir les jus de cuisson dans une seule poêle ; la poser sur feu moyen et blondir les pignons de pin. Ajouter alors les câpres et le vinaigre. Donner un bouillon. Mélanger avec une spatule en bois afin de dissoudre les sucs. Saler et poivrer. Repasser un court instant les filets de sole au four. Napper avec le jus de cuisson. Saupoudrer de persil haché avant de servir.

Morue à la landaise

Préparation : 20 mn
Cuisson : 40 mn
Pour 4 personnes

- 600 g de morue dessalée
- 1 petit piment doux épépiné et émincé
- 2 gousses d'ail pelées, dégermées et écrasées
- 1 râpée de muscade
- 10 branches de persil hachées fin
- 1 feuille de laurier
- 2 cuil. à soupe de farine fluide (les farines fluides permettent en général d'obtenir une sauce sans grumeaux sous réserve qu'il y ait opposition de température entre le roux et le liquide)
- 50 g de beurre
- 1 l de lait
- Poivre blanc du moulin

Dans une casserole, verser le lait froid sur la morue dessalée, peau tournée vers le haut. Vérifier qu'elle soit totalement immergée. Ajouter le piment, l'ail, le laurier. Porter lentement à ébullition. Lorsque la cuisson frissonne, couper le feu. Surtout ne pas la laisser bouillir. Couvrir et réserver la morue dans son lait. 20 mn plus tard, la morue est cuite. L'égoutter dans un plat. Effeuiller à la fourchette. Réserver.
Sauce : dans une casserole, chauffer le beurre. Incorporer la farine à l'aide d'un petit fouet. Cuire 5 mn à feu doux en remuant en permanence. Incorporer progressivement la cuisson filtrée de la morue. Porter à ébullition en fouettant constamment. Vous devez obtenir la consistance d'une béchamel légère. Ajouter la râpée de muscade et le poivre. Goûter, rectifier l'assaisonnement. Déposer la morue effeuillée dans un plat à four. Parsemer de persil.
Verser la sauce blanche par-dessus. A l'aide d'une spatule ou d'une cuillère en bois, mélanger délicatement.
Repasser 5 mn au four. Servir.

Vous pouvez aussi la saupoudrer de chapelure et la faire gratiner à four moyen.

Sandre aux petites prunes

Préparation : 30 mn après habillage du poisson

Cuisson : 45 mn

Pour 4 personnes

- I sandre d'1,4 kg environ, ébarbé, écaillé, soigneusement vidé
- 6 échalotes grises pelées, ciselées très fin
- 400 g de mousserons nettoyés, lavés rapidement, égouttés (s'ils sont trop gros, les couper en 2 ou 3 morceaux)
- 1 cuil. à café de farine
- 80 g + 20 g de beurre fondu
- 25 cl + 5 cl de crème fraîche épaisse
- 20 à 30 cl de vin blanc sec
- 3 cl d'armagnac
- Le jus d'1/2 citron
- Sel, poivre blanc du moulin

Dans un plat ovale à feu, verser le beurre fondu. Saler et poivrer. Parsemer le fond d'échalotes. Déposer le sandre. L'entourer de champignons. Napper de 25 cl de crème fraîche. Arroser de vin blanc. Enfourner pour 20 mn environ, dans un four préchauffé th 6 (180°). Arroser très souvent durant la cuisson. Sortir le poisson. Dans une casserole (inox ou émail), verser délicatement le jus de la cuisson. Laisser le sandre dans son plat. Le réserver au chaud. Remettre la casserole sur le feu. Mélanger, à l'aide d'un petit fouet, les 20 g de beurre restant avec la cuillère de farine pour bien lier la sauce. Cuire 15 mn en remuant constamment pour que la sauce n'accroche pas. Goûter, rectifier l'assaisonnement.
Sortir du feu. Terminer en incorporant, hors du feu, les deux jaunes d'œufs préalablement mélangés à l'armagnac et aux 5 cl de crème fraîche.
Verser la sauce sur le sandre. Servir.

Les petites prunes sont une variété de mousserons. On peut les dessécher pour les conserver. Les regonfler alors dans du thé, procédé supérieur à l'eau. On peut aussi, hors saison, les remplacer par des champignons de couche incontestablement moins parfumés.

Préparation : 15 mn

Cuisson : 25 mn

Pour 4 personnes

- 1 dorade royale ou une dorade grise d'1 kg environ, écaillée et vidée
- 4 tomates fraîches, coupées en tranches
- 2 pommes fruits, « lettre » de préférence, pelées, épépinées et coupées en tranches fines
- 1 oignon moyen pelé, coupé en 2 et émincé en tranches
- 80 g de lard gras salé, coupé en tranches fines
- 2 cuil. à soupe d'huile d'olive
- 15 grains de coriandre
- 1 pincée de marjolaine, appelée aussi origan bleu
- Sel, poivre du moulin

Dorade à la marjolaine

Dans une jatte, mélanger tomates, pommes, oignon et grains de coriandre. Saupoudrer de marjolaine. Mélanger délicatement. Tapisser de ce mélange un plat à four ovale. Poser dessus la dorade salée et poivrée intérieurement.

Préchauffer le four th. 8 (220°). Arroser la dorade de l'huile d'olive. Enfourner pour 25 mn. Surveiller la cuisson et servir dans son plat.

Autre appellation possible mais peu connue : Brême de mer à l'origan bleu. *L'origan bleu ressemble à la marjolaine qui se trouve dans les sous-bois landais et la « brême de mer » ressemble plus au bar qu'à la dorade, nom sous lequel elle est vendue dans les poissonneries.*

Laganions à la poulette

Préparation : 20 mn
Cuisson : 15 mn
Pour 4 personnes

- 2 l de laganions, brassés vivement à l'eau fraîche salée afin d'éliminer le sable et égouttés
- 3 échalotes grises pelées et hachées fin
- 2 jaunes d'œufs
- le jus d'1/2 citron
- 50 g de beurre
- 4 cuil. à soupe de crème fraîche
- 30 cl de vin blanc
- 1 branchette de thym
- Poivre du moulin

Dans une casserole, chauffer le beurre pour y flétrir l'échalote en remuant constamment. Ajouter les laganions et la branchette de thym. Poivrer abondamment. Ne pas saler à cause de l'eau de mer. Mouiller de vin blanc. Couvrir. Compter 1 mn à partir de l'ébullition. Les laganions doivent être ouverts. A l'aide d'une araignée (écumoire), sortir les coquillages et les déposer dans une soupière. Réserver au tiède. Filtrer l'eau de cuisson dans une casserole. La remettre sur le feu.
Dans un bol, mélanger la crème fraîche et le jus de citron à l'aide d'un petit fouet. Incorporer, hors du feu, le contenu du bol à la cuisson. Verser sur les laganions conservés tièdes et servir.

Cette préparation peut se faire avec des moules ou tout autre petit coquillage de la côte landaise. Les laganions, qui ont une forme d'olive, de couleur sable, se pêchent au râteau à la marée descendante.

Préparation : 15 mn
1 heure pour la marinade
Cuisson : 30 mn
Pour 4 personnes

- 1 loubine d'1 kg à 1,2 kg, écaillée et vidée
- 3 cuil. à soupe de pignons de pin
- 6 pommes de pin
- 1 bulbe de fenouil nettoyé, coupé en 2 et émincé fin
- 3 cuil. à soupe d'huile d'olive
- 1 petite tomate ébouillantée, pelée et haché
- Sel et poivre du moulin

Loubine au four

Lever les sommités du fenouil, les hacher, les mélanger avec les pignons de pin. En farcir la loubine. En garder un peu pour la garniture.
Saler et poivrer intérieurement et extérieurement. La mettre à mariner 1 heure avec l'huile d'olive en retournant souvent.
A l'aide d'un marteau, casser les pignes de pin. Les déposer au fond d'un plat à feu. Les recouvrir avec le fenouil. Coucher la loubine sur ce lit. Enfourner pour 30 mn de cuisson – th. 7 (200°) – en arrosant de temps en temps avec l'huile de la marinade. Servir avec un beurre fondu dans lequel vous ajouterez la tomate et quelques sommités de fenouil haché.

La loubine ou louvine, autre nom de la muge ou mulet sauteur, ressemble par la finesse de sa chair au bar ou loup de mer de la Méditerranée.

Préparation : 20 mn
Cuisson : 35 mn environ
Pour 4 personnes

- 1 kg de sardiats, vidés, pelés, étêtés, découpés en tronçons de 3 cm
- 150 g de petits champignons de Paris nettoyés et citronnés
- Le blanc de 2 poireaux, nettoyés et émincés, de 2 cm d'épaisseur
- 150 g de lardons
- 1 cuil. à soupe de graisse
- 4 échalotes grises de préférence, pelées et émincées
- 2 gousses d'ail pelées, dégermées et écrasées
- 1 cuil. à soupe de farine fluide
- 75 cl de vin rouge de Tursan
- 1 feuille de laurier, 1 branchette de thym, 1 de céleri et 10 queues de persil plat ficelés en bouquet
- Sel et poivre du moulin
- Pain de campagne

Sardiats au vin de Tursan

Le sardiat est une grosse anguille à tête plate qui vient de la mer et remonte dans les étangs du littoral landais.

Dans une cocotte, chauffer la cuillère de graisse pour y flétrir échalotes et lardons. Ajouter les blancs de poireaux, les tronçons de sardiats et l'ail. Laisser 5 mn sur feu moyen. Saupoudrer de farine. Remuer souvent.
Saler et poivrer. Avant de couvrir, ajouter les champignons de Paris, le vin et le bouquet garni pour 30 mn de cuisson à petite ébullition. Vérifier que la sauce n'attache pas, sinon la détendre avec un peu d'eau ou de bouillon. Goûter et rectifier l'assaisonnement si nécessaire.
Servir dans un plat brûlant, accompagné de fines tranches de pain de campagne séchées au four, frottées d'ail et saupoudrées de persil haché.

Dans le nord des Landes, certaines familles ajoutent 2 carrés de chocolat amer à la sauce.

Lamproie à la dacquoise

Préparation : 20 mn
Cuisson : 50 mn
Pour 4 personnes

- 1 lamproie vivante de 1,2 kg environ
- 2 carottes moyennes épluchées et émincées
- 12 gros pruneaux dénoyautés, trempés la veille dans une infusion de thé
- 4 poireaux, le vert émincé et réservé, le blanc coupé en tronçons de 6 cm
- 6 échalotes grises pelées et coupées en 4
- 2 gousses d'ail pelées, dégermées et écrasées
- 3 lamelles de cèpes secs
- 1 cuil. à soupe de graisse
- 1,5 l de vin rouge
- 1 cuil. à café de chocolat amer en poudre
- 4 cl d'armagnac
- 1 feuille de laurier, 1 branchette de thym, 1 de céleri et 10 queues de persil plat ficelés en bouquet
- Sel et poivre du moulin

Ebouillanter rapidement la lamproie, enlever la peau à l'aide d'un torchon. La suspendre par la tête. Couper la queue pour recueillir le sang avec précaution dans un récipient (on peut, à la rigueur, remplacer le sang de la lamproie par 2 cuillères à soupe de sang de porc ou de volaille). Faire une incision autour de la tête. Dégager le nerf dorsal en tirant lentement. Couper le poisson en tronçons de 3 cm. Réserver.

Dans une cocotte, chauffer la graisse pour y faner carottes, échalotes, vert de poireaux et ail. Déposer sur les légumes les tronçons de lamproie, le bouquet garni et les lamelles de cèpe. Couvrir de vin rouge. Saler et poivrer. Porter à ébullition 10 mn à feu vif.

Sortir les morceaux de lamproie. Les réserver dans une autre cocotte. Poser dessus les blancs de poireaux et les pruneaux dénoyautés.

Reprenez la première cocotte. Enlever le bouquet garni. Passer au moulin à légumes, à défaut au mixer, la cuisson et sa garniture. En recouvrir la lamproie. Porter à ébullition. Couvrir pour 30 mn supplémentaires de douce cuisson.

En fin de cuisson, mélanger dans un bol, sang, chocolat et armagnac. Incorporer le tout dans la cocotte. Laisser frissonner 2 mn à peine. Servir avec des croûtons préalablement grillés et frottés d'ail ensuite.

La lamproie dite aussi « suce caillou » se pêche au printemps à l'embouchure des fleuves atlantiques.

On dit, à juste raison, que cette préparation mise en bocaux stérilisés, gagne en vieillissant.

Certaines familles landaises ont, comme pour le foie gras, 3 ou 4 années de réserve.

Écrevisses du Moulin bleu

Préparation : 40 mn
Cuisson : 20 mn
Pour 4 personnes

- 1,5 kg d'écrevisses du pays
- 2 tomates bien mûres, ébouillantées, épluchées et écrasées
- 1 carotte épluchée et émincée fin
- 2 échalotes grises épluchées, émincées fin
- 3 gousses d'ail épluchées, dégermées et écrasées
- Les pluches de 10 branches de cerfeuil
- Les pluches de 10 branches de persil plat
- 1 petit piment doux du potager, égrainé et émincé
- 1 cui . à soupe de graisse
- 25 cl de vin des sables ou vin blanc sec
- 2 cl d'armagnac
- Sel, poivre du moulin
- 1/2 feuille de laurier, 1 branchette de thym, 1 d'estragon et 10 queues de persil plat liés en bouquet

Châtrer les écrevisses – c'est-à-dire retirer le boyau noir intestinal qui donnerait un goût amer au crustacé, en tirant sur l'écaille centrale de la queue et en effectuant un quart de tour. Dans une poêle, chauffer la graisse. Y verser les écrevisses, les cuire 3 mn en les remuant souvent. Elles vont cardinaliser (c'est-à-dire prendre une belle couleur rouge). Ajouter carotte, oignon, échalote. Cuire 3 mn supplémentaires en continuant de remuer. Ajouter le bouquet garni, le piment, la tomate, l'ail et le vin. Saler, donner deux tours de moulin à poivre. Couvrir pour 8 mn supplémentaires. Goûter, rectifier l'assaisonnement qui doit être endiablé. Verser dans un légumier. Parsemer de pluches de persil et de cerfeuil. Servir chaud.

Après des années d'abandon pour causes diverses, le vin des sables dont Henri IV disait « qu'il était moult bienfaisant et qu'il fallait protéger nos vignes pour qu'elles ne soient pas détériorées par bien des malfaisants » paraît avoir retrouvé de nouveaux adeptes passionnés du côté de Messanges. Son goût de violette et de bruyère s'associe parfaitement aux crustacés d'eau douce.
Penser aux rince-doigts.

Préparation la veille : 25 mn
Cuisson : la veille 40 mn
Pour 4 personnes

- 350 g de saumon sans peau ni arêtes, coupé en escalopes
- 1 carotte moyenne épluchée et émincée fin
- 1 oignon blanc pelé et émincé fin
- 1 gousse d'ail pelée, dégermée et écrasée
- 1 petit piment « royal » du potager épépiné et émincé
- Les sommités d'un petit bouquet de persil plat
- 15 branches de ciboulette ciselée fin
- 10 pluches de cerfeuil
- 1 feuille de laurier
- 1 branchette de thym
- 1 clou de girofle
- 20 cl de vin blanc sec
- 6 feuilles de gélatine alimentaire
- Sel, poivre du moulin

Hure de saumon de Sylvie Barrère

Dans une casserole, inox ou émail, chauffer le vin blanc. Saler, poivrer. Ajouter carotte, piment, oignon, ail, thym, laurier et clou de girofle. Couvrir. Laisser cuire 20 mn à couvert. Ajouter les escalopes de saumon. Redonner 5 mn de douce ébullition. Oter de la cuisson thym, laurier, clou de girofle. Réserver le reste. Dans un bol, verser 10 cl de cuisson. Laisser tiédir pour y dissoudre les feuilles de gélatine 5 mn. Verser le tout dans la cuisson. Redonner un bouillon. Ajouter les pluches de persil, le cerfeuil, la ciboulette. Mélanger délicatement.
Verser l'ensemble dans un moule à cake rectangulaire. Tasser légèrement avec une fourchette. Réserver au réfrigérateur jusqu'au lendemain. Servir avec une sauce au vert (voir p. 47).

Variante

Pour une plus belle présentation, ajouter aux herbes deux œufs durs écrasés et un filet de citron. Déposer alors dans le moule en alternance une couche de gélatine, une couche de saumon, une couche d'herbes jusqu'à épuisement de vos ingrédients et terminer par une couche de gélatine.

Carpe farcie du lac de Léon

Préparation : 45 mn
Cuisson : 50 mn
Pour 6 personnes

- 1 carpe « cuir » d'1,2 kg environ, tuée par ingestion d'une cuil. à soupe d'armagnac, vidée et nettoyée
- 1 tranche de jambon
- 1 poignée d'oseille équeutée et nettoyée
- 1 petit bouquet de persil plat
- 2 feuilles vertes de blette
- 200 g de lard gras de porc salé découenné
- 1 cuil. à soupe de graisse
- 1 oignon moyen pelé et coupé en quartiers
- 4 gousses d'ail pelées, dégermées et écrasées
- 50 g de pain de campagne rassis humecté de 20 cl de lait
- 2 œufs entiers
- 20 cl de vin blanc sec
- Sel et poivre du moulin

Dans une cocotte, chauffer la graisse pour y faner oignon et ail. Sortir du feu.
Sur une jatte, passer à la machine à hacher (grille moyenne) ail, oignons déjà fanés, jambon, verdure, lard gras et pain.
Ajouter les œufs. Saler légèrement, poivrer abondamment. Mélanger.
Dans un plat à feu ovale, déposer le poisson. Garnir de farce l'intérieur de la carpe. Recouvrir de la farce restante. Verser le vin blanc sur les côtés et enfourner th. 6 (180°) pour 45 mn de cuisson. Vérifier, au bout d'1/2 heure, la coloration de la farce. En cas d'excès, recouvrir d'un papier d'aluminium graissé intérieurement.

La recette de la farce est valable pour tout autre poisson.

Préparation : 35 mn
Cuisson : 30 mn
Pour 4 personnes

- 1 alose d'1 kg vidée par une ouverture aussi petite que possible, soigneusement écaillée puis rincée
- 6 échalotes « cuisses de poulet » pelées et émincées
- 25 cl de vin blanc sec
- 1 pincée de sucre en poudre
- 2 cuil. à soupe de crème fraîche épaisse
- 1 cuil. à soupe d'huile
- 50 g de beurre
- 3 poignées d'oseille équeutée, lavée et ciselée en chiffonnade
- Sel et poivre du moulin

Alose à l'oseille

La veille, saler et poivrer l'alose intérieurement. La farcir avec la moitié de l'oseille. La réserver au réfrigérateur jusqu'au lendemain matin.
Beurrer un plat à poisson, le parsemer des échalotes. Saler et poivrer l'alose extérieurement. La déposer dans le plat. L'arroser d'huile et de vin blanc. L'enfourner pour 20 à 25 mn dans un four préchauffé – th. 8 (220°).
Surveiller la cuisson en arrosant le poisson toutes les 5 mn.
La cuisson terminée, poser le plat sur une plaque de cuisson, feu moyen. Répartir sur les 2 côtés de l'alose, à parts égales, la crème fraîche et l'oseille restante. Ajouter la pincée de sucre en poudre et donner au plat un mouvement circulaire qui va lier votre sauce. 30 secondes d'ébullition et vous pouvez servir.

L'alose est un poisson osseux aux mœurs dites « potamotoques », ce qui signifie tout simplement qu'il remonte les fleuves pour frayer dans les torrents ! Eviter d'employer l'alose appelée « pucelle », variété comportant énormément d'arêtes !

Préparation : 35 mn
4 h de marinade
Cuisson : 45 mn
Pour 4 personnes

- 1 rouelle de bonite ou germon (petit thon des côtes atlantiques) de 1,2 kg prise dans le milieu du poisson
- 4 filets d'anchois à l'huile hachés fin
- 1 carotte épluchée et coupée en quartiers
- 1 grosse tomate bien mûre, ébouillantée, épluchée et écrasée
- 3 lamelles de cèpes secs
- 1 oignon moyen pelé, coupé en quartiers
- 2 gousses d'ail
- 1 pincée de piment fort en poudre
- Le jus d'un citron
- 1 cuil. à soupe d'huile
- 2 branchettes de thym
- 10 branches de persil plat
- 1 feuille de laurier coupée en lanières

Rouelle de bonite en cocotte

Quatre heures avant de préparer la recette, mélanger dans un plat mi-creux, jus de citron, piment, thym, laurier.
Y déposer le poisson. Le retourner tous les quarts d'heure. Réserver séparément poisson et marinade.
Dans une cocotte, chauffer l'huile pour y flétrir quartiers de carottes et oignons. Ajouter cèpes secs, ail, filets d'anchois et tomates, puis la marinade. Ne pas saler à cause des anchois. Mélanger. Enfouir la bonite dans les légumes. Couvrir. Laisser mijoter 40 mn à feu doux. Servir avec un riz pilaf cuit avec 2 cuillères à soupe de pignons de pin.

Rougets de Mimizan aux pommes d'amour

Préparation : 10 mn

Cuisson : 20 mn

Pour 2 personnes

Par la tête, fourrer chaque rouget d'un filet d'anchois et d'une feuille de basilic. Tapisser le fond d'un plat ovale à rôtir des tomates écrasées. Y ranger, tête-bêche, les rougets. Les lustrer à l'huile d'olive. Les enfourner dans un four préchauffé th. 5 (160°) pour 20 mn de cuisson douce sans coloration, ce qui permettra de les apprécier à peine cuits.

Le rouget barbet est appelé aussi « bécasse de mer » pour la finesse iodée de sa chair. Les vrais amateurs le cuisent du reste sans le vider car son foie n'a pas de fiel.
La tomate, plante herbacée d'origine péruvienne, est appelée aussi quelquefois « pomme d'amour ».

- 4 rougets barbets, écaillés, ébarbés, vidés par une petite ouverture, le foie remis à l'intérieur
- 4 filets d'anchois à l'huile d'olive
- 1 kg de tomates bien mûres, ébouillantées, pelées, épépinées et écrasées
- 4 feuilles de basilic
- 1 cuil. à soupe d'huile d'olive
- Ni sel, ni poivre, ni piment pour cette recette à laquelle l'iode des rougets doit apporter un incomparable parfum

Préparation : 15 mn
2 h de marinade
Cuisson : 30 mn
Pour 4 personnes

- 4 perches de 300 g chacune, levées en filets, mises à mariner durant 2 h avec 10 branches d'ortie
- 20 branches d'ortie blanche ciselées et effeuillées grâce à la protection d'une paire de gants de cuisine puis ébouillantées, rafraîchies, égouttées
- 2 échalotes grises épluchées et ciselées très fin
- 2 cuil. à soupe de crème fraîche épaisse
- 20 cl de vin blanc sec
- 50 g de beurre
- 1 cuil. à café de fleur de maïs (maïzena par exemple)
- Sel et poivre blanc du moulin

Filets de perche aux orties

Beurrer un sautoir. Saler et poivrer le fond. Le parsemer des échalotes. Déposer les filets de perches salés et poivrés, côté arêtes vers le haut. Mouiller de la crème et du vin blanc mélangés. Porter à ébullition. Couvrir.
Enfourner pour 10 mn, th. 7 (200°).
A la sortie du four, reserver les filets dans un plat chaud. verser délicatement l'intégralité de la cuisson dans une casserole inoxydable ou émail. En prélever 2 cuillères à soupe dans un bol pour dissoudre la fleur de maïs. Remettre la cuisson sur le feu. A l'aide d'un petit fouet, incorporer le contenu du bol. Cuire 5 mn à petits bouillons. Ecumer. La sauce doit être souple, sans excès de liaison, sinon la détendre légèrement avec un soupçon de vin blanc. Ajouter les feuilles d'ortie ébouillantées.
Verser sur les filets de perches et servir.

La perche est réputée à juste titre pour avoir autant d'arêtes que de chair. Une poignée d'oseille les farcissant la veille permet d'atténuer ce désagrément.

Feuillue de saumon et de pommes de terre

Préparation : 30 mn
Cuisson : 20 mn
Pour 4 personnes

- 400 g de saumon de l'Adour sans peau, ni arêtes, coupés en 16 tranches fines
- 4 très grosses pommes de terre (variété Manon de préférence) pelées, coupées en 20 tranches régulières de 3 mm d'épaisseur et rincées
- 1 cuil. à café de chapelure fine
- 1 cuil. à café de fromage râpé
- 50 g de beurre fondu
- 1 cuil. à café de graisse
- 10 brins de cerfeuil haché
- 1 œuf entier
- Sel et poivre du moulin

Avant de commencer votre recette, placer le saumon 15 mn au congélateur. Il va se raffermir et sa coupe en sera facilitée. Pendant ce temps, dans une casserole d'eau bouillante salée, déposer la cuillère de graisse et y cuire 5 mn les tranches de pommes de terre. Les égoutter, les sécher sur un papier absorbant.
Couper alors le saumon en 16 tranches fines, à peu près de la taille des pommes de terre.
Dans un bol, casser l'œuf. Saler et poivrer. Ajouter le cerfeuil. Battre avec une fourchette.
Beurrer un plat à four. Y déposer 4 tranches de pommes de terre. Les recouvrir d'une tranchette de saumon passé rapidement dans le bol. Renouveler l'opération pommes de terre-saumon jusqu'à épuisement du saumon.
Terminer par les pommes de terre. Saupoudrer de fromage râpé, emmenthal, parmesan ou chapelure. Enfourner pour 15 mn à four chaud th. 8 (220°).
Servir éventuellement avec un beurre blanc.

Adapter le temps de cuisson selon la variété des pommes de terre.

Préparation : 10 mn
Cuisson : 1 mn
Pour 4 personnes

- 400 g de pibales fraîches
- 2 gousses d'ail pelées, dégermées
- 1 petit piment fort émincé fin
- 2 cuil. à soupe d'huile d'olive
- 1 à 2 cuil. à soupe de vinaigre de vin ou de tabac

Pibales des aygats

Né en mer des Sargasses, cet alevin d'anguille met 3 ans pour revenir s'égarer dans les aygats, zones incertaines où l'océan rencontre les eaux hivernales que déversent dans son sein les fleuves atlantiques.
Plat de roi pour les amateurs éclairés, si l'on en croit son succès et son prix, il est devenu une folie au Japon.

Préparation des pibales si vous les avez achetées à la criée : dans une grande bassinne, laver les pibales à plusieurs reprises, à l'eau fraîche. Dans la dernière eau, verser le vinaigre (ou du tabac) pour les tuer.
Dans une passoire, les repasser sous l'eau froide pour éliminer tous les résidus.
Dans une poêle anti-adhésive, chauffer l'huile. Lorsqu'elle est brûlante, blondir rapidement le piment et l'ail. Ajouter aussitôt les pibales. Les saler légèrement. Avec un mouvement du poignet, les faire sauter plusieurs fois, sinon les retourner délicatement avec une spatule. Elles vont prendre très vite une teinte laiteuse.
Dresser immédiatement dans des cassolettes individuelles en terre, préalablement chauffées et frottées d'ail et servir aussitôt.

Brochet aux aromates

Préparation : 20 mn la veille

Cuisson : 30 mn

Pour 6 personnes

- 1 brochet de 1,4 kg écaillé, vidé (attention à la veine qui se trouve intérieurement le long de l'arête qu'il faut ouvrir et nettoyer soigneusement) puis découpé en darnes d'1 cm d'épaisseur
- 2 cuil. à soupe de farine
- 3 échalotes « cuisse de poulet » pelées et émincées
- 3 gousses d'ail pelées, dégermées et émincées
- 2 tomates bien mûres, ébouillantées, pelées et écrasées
- 1 citron, émincé fin
- 2 petits piments doux du potager, égrainés et émincés fin
- 1 clou de girofle
- 1 pincée de safran "tabac"
- 3 cuil. à soupe d'huile d'olive
- 2 cuil. à soupe de vinaigre de vin
- 1 feuille de laurier
- 1 branchette de thym
- 20 branches de persil plat
- Sel et poivre du moulin

Saler, poivrer et fariner les darnes. Les tapoter entre les deux mains pour enlever l'excédent de farine.
Dans une poêle anti-adhésive, chauffer l'huile pour colorer de chaque côté les darnes à feu vif. Les débarrasser dans un plat ovale en terre. Remettre la poêle sur le feu pour faner à feu doux échalotes, ail et piment. Ajouter tomates, aromates, tranches de citron et vinaigre.
Mouiller de 20 cl d'eau. Saler, poivrer. Cuire un quart d'heure à découvert.
Verser bouillant sur les darnes. Laisser refroidir et faire mariner 24 h au réfrigérateur avant de servir.

Cette préparation peut aussi se faire avec du sandre ou du lieu.

Viandes et volailles

Préparation : 30 mn

Cuisson : 3 h

Pour 6 personnes

- 1 kg de viande de bœuf (quasi, gîte, plat de côtes, macreuse selon votre préférence)
- 1 jarret de veau
- 2 os à moelle
- 2 carcasses d'oie ou de canard (facultatif)
- 2 gousses d'ail pelées et dégermées
- 1 oignon piqué de 1 clou de girofle
- 6 carottes moyennes pelées
- 6 petits navets pelés et coupés en 2
- 4 poireaux lavés, épluchés
- 1 bouquet garni + 2 branches de céleri
- Gros sel marin, 10 grains de poivre noir

Marmite landaise

Conseils

a) Ne jamais couvrir complètement la marmite, ce qui permet de garder une transparence agréable à la cuisson.

b) Pour éviter de perdre la moelle des os, les frotter avec du gros sel ou les envelopper dans une mousseline.

c) Ne pas saler avant d'avoir bien écumé.

d) Oter régulièrement l'écume qui se forme à la surface du bouillon à l'aide d'une écumoire préalablement trempée dans l'eau tiède.

Dans une marmite, déposer les viandes, les os à moelle et éventuellement les carcasses. Couvrir d'eau froide.

Porter à ébullition en écumant régulièrement. Ajouter une poignée de gros sel, 1 dizaine de grains de poivre, le bouquet garni. Laisser cuire 1 h 30, couvert à demi afin que le bouillon reste clair. Continuer à écumer.

Ajouter alors les légumes. Laisser cuire encore 1 h 30. Surveiller et ajouter de l'eau si nécessaire. Vérifier la cuisson de la viande, l'os du plat de côte doit être enlevé sans résistance.

Découper la viande. La placer au centre d'un grand plat. Disposer les légumes autour. Servir avec du gros sel, des cornichons, de la moutarde, voire un coulis de tomates et des croûtons garnis de moelle.

Paupiettes de bœuf de Chalosse

Préparation : 25 mn
Cuisson : 1 h 45
Pour 4 personnes

- 800 g de paleron de bœuf, dénervé et tranché en 4 escalopes aplaties à l'aide d'un gros couteau large
- 250 g de ventrèche de porc demi-sel sans os ni couenne
- 200 g de câpres au vinaigre égouttées
- 2 oignons moyens pelés et émincés fin
- 1 cuil. à soupe de graisse
- Sel et poivre du moulin

Sur une planche à découper, déposer les 4 escalopes de bœuf. Saler légèrement, poivrer. Couper la ventrèche en 4 tranches régulières, les déposer dans une casserole, recouvrir d'eau froide, porter à ébullition, égoutter.

Les poser sur les escalopes. Rouler dans le sens longitudinal de la ventrèche. Ficeler les paupiettes ainsi obtenues par un croisillon de ficelle à rôti.

Dans une cocotte, chauffer la graisse pour y colorer à feu vif les paupiettes dans tous les sens. Baisser le feu. Ajouter les oignons, les faner 10 mn en remuant souvent. Saler et poivrer. Verser 30 cl d'eau. Couvrir pour 1 h 30 de cuisson. Tourner les paupiettes toutes les 1/2 heures environ.

Surveiller les oignons pour qu'ils n'attachent pas. Sinon, ajouter un peu d'eau. Vérifier la cuisson en piquant les paupiettes avec la pointe d'un petit couteau qui doit rentrer facilement. Ajouter les câpres. Recouvrir pour 15 mn de cuisson. Servir brûlant avec des pâtes.

Poulet de Saint-Sever à l'aillée

Préparation : 20 mn
Cuisson : 45 mn
Pour 4 personnes

Le poulet « à cou nu » de Saint-Sever, 1er label rouge de l'histoire avicole, naît et vit en liberté dans l'espace illimité de la forêt landaise. Or si les « poulets galopeurs » paraissent plus fermes que les autres, ils retirent de leur liberté une saveur incomparable.

- 1 poulet à cou nu de Saint-Sever de 1,5 kg environ, plumé, flambé et vidé
- 1 tête d'ail pelée
- 2 cuil. à soupe d'amandes en poudre
- 2 cuil. à soupe de pignons de pin
- 2 fois 1 cuil. à soupe de graisse
- 3 tranches de pain de campagne rassis, débarrassées de leur croûte et humectées de 10 cl de lait bouilli
- Sel et poivre du moulin

Hacher à la machine ou au mixer, le plus fin possible, amandes, pignons, ail et pain. Dans un petit saladier, bien mélanger le tout en ajoutant 1 cuillère de graisse. Saler, poivrer. En commençant par le cou, séparer délicatement la chair de la peau du poulet. Introduire la moitié de l'aillée à l'aide d'une spatule en bois, en la répartissant uniformément. Garnir l'intérieur du poulet de l'aillée restante.
Préchauffer le four th. 7 (200°). Frictionner le poulet avec l'autre cuillerée de graisse. Saler et poivrer.
L'enfourner pour 40 mn de cuisson et l'arroser souvent en fin de cuisson. Verser 25 cl d'eau ou de bouillon dans le plat à rôtir pour déglacer et obtenir le jus.
Servir avec une purée d'hiver (voir p. 22) ou une fricassé de nonette voilée (voir p. 44).

Préparation : 30 mn
Cuisson : 1 h 45
Pour 10 personnes

- 1 gigot de mouton de 3 kg environ, quasi enlevé
- 3 têtes d'ail non épluchées, gousses séparées, ébouillantées 10 mn puis égouttées. Réserver la cuisson dans un faitout
- 2 cuil. à soupe de graisse
- 30 cl de bouillon (voir p. 13)
- 10 grains de poivre
- 2 branches de thym ou de serpolet
- 1 branche de romarin
- 1 feuille de laurier
- 10 grains de genièvre
- 1 clou de girofle
- Sel et poivre du moulin

Gigot de mouton confit

Dans le faitout contenant l'eau d'ébullition des aulx, déposer le gigot. Ajouter de l'eau jusqu'à ce qu'il baigne, puis les aromates. Poser sur feu moyen. Ecumer. Soyez très attentif à retirer le faitout avant l'ébullition. Laisser refroidir dans la cuisson. Cette première opération a pour but de faire disparaître un éventuel goût de suint (il s'agit de mouton). Egoutter le gigot. L'éponger soigneusement. Le saler et poivrer.
Dans une cocotte ovale, chauffer la graisse pour y faire dorer le gigot de toutes parts. Oter le gras. Dans la cocotte, verser les gousses d'ail et la moitié du bouillon. Couvrir pour une douce et lente cuisson d'1 h 45 environ.
Surveiller qu'il y ait toujours un peu de cuisson au fond de la cocotte, sinon rajouter du bouillon. Tourner de temps en temps ail et gigot. Servir la pièce de viande entourée des gousses d'ail et nappée du fond de cuisson.

Le gigot confit ne doit pas avoir besoin de couteau mais peut se déchiqueter avec deux fourchettes. Le mouton, viande plus faite que l'agneau, est souvent consommée de cette manière en pays landais.

Préparation : 35 mn
Cuisson : 60 mn environ
Pour 4 personnes

- 2 magrets de canard totalement débarrassés de leur graisse
- 4 gousses d'ail entières
- 4 petites carottes épluchées
- 2 navets ou raves épluchés et coupés en 2
- 1 oignon moyen piqué d'un clou de girofle
- Le quart d'un chou pommé
- 4 blancs de poireaux nettoyés
- 4 pommes de terre « rate » de préférence, lavées, non épluchées
- 1 branchette de thym, 1 feuille de laurier, 1 branche de céleri attachés en bouquet
- Gros sel gris marin, 10 grains de poivre noir

Magrets à la ficelle

Dans un grand faitout, déposer carottes, navets, oignon, ail, chou, poireaux, bouquet garni, poivre et sel.
Recouvrir largement d'eau. Cuire 30 mn. Ajouter les pommes de terre. Cuire 10 mn supplémentaires. Baisser le feu pour ne laisser qu'un léger frémissement. A l'aide d'une aiguille à brider, piquer la pointe des magrets d'un lien de ficelle. Les suspendre sur un manche d'écumoire posé en travers du faitout afin qu'ils soient totalement immergés dans le bouillon sans en toucher le fond. 8 mn de cuisson sont suffisantes. Couper le feu. Laisser reposer 4 mn supplémentaires. Servir les légumes dans un plat creux, le bouillon dans un grand bol et les magrets découpés en tranches fines dans le sens de la longueur.

Dans la cuisine landaise, on trouve deux sortes de cuissons du magret de canard : la cuisson confite dans la graisse pour les tenants de viande cuite, et la cuisson au grill ou à la ficelle pour les amateurs de viande saignante (rosée). On peut ajouter aujourd'hui une troisième solution : le carpaccio de magrets (voir p. 37).

Pour 5 personnes

Farce

Préparation : 35 mn

Cuisson : 10 mn

- 3 foies de volaille maigres, le fiel enlevé
- 200 g de lard gras salé, découenné, émincé
- 4 gousses d'ail pelées, dégermées, écrasées
- 4 échalotes grises
- 1 tranche de jambon du saloir coupé en lardons
- 1 poignée d'oseille équeutée
- Le vert de 4 poirées (bettes – blettes – cardes), les côtes seront préparées au jus ou poulette
- 1 bouquet de persil plat
- 4 tranches de pain de campagne, la croûte enlevée, humectées dans 10 cl de lait
- 1 œuf
- Sel et poivre du moulin

Volaille

Préparation : 20 mn

Cuisson : 1 h 30 mn

- 1 poule plumée, flambée, vidée
- 4 carottes, 1 petite rave, le 1/4 d'un pied de céleri-rave, 4 poireaux pelés, conservés entiers

Poule farcie au vert

Farce

Chauffer une poêle anti-adhésive pour y faner échalotes, ail, lard gras, jambon. Sortir du feu avant coloration. Laisser refroidir.
Sur une jatte, passer à la machine à hacher – grosse grille – les éléments de la poêle, à défaut au mixer très grossièrement. Ajouter persil, poirée, oseille, pain. Saler très légèrement à cause du lard et du jambon. Poivrer généreusement. Ajouter l'œuf. Bien mélanger. Réserver.

Volaille

Farcir la poule. Coudre le cou et l'orifice caudal pour empêcher la farce de sortir. Si vous avez un excès de farce, l'envelopper dans un linge étamine. Dans un grand faitout, déposer la volaille et le supplément de farce éventuel. Recouvrir largement d'eau froide. Porter à ébullition en écumant souvent. Ajouter légumes et condiments. Saler. Baisser le feu. Couvrir à demi pour 1 h 15/1 h 30 de cuisson (selon l'âge de la poule). L'eau ne doit pas bouillir mais frissonner. La poule est cuite.

Sauce

Dans une casserole, chauffer le beurre. Incorporer la farine à l'aide d'un petit fouet. Cuire 10 mn à feu doux. Laisser refroidir. Dans un bol, mélanger le jaune d'œuf, la crème fraîche, le jus de citron. Remettre la casserole sur le feu. Incorporer après l'avoir filtré 50 cl du bouillon de la poule. La

- 2 gousses d'ail pelées, dégermées et écrasées
- 1 oignon moyen pelé et piqué d'un clou de girofle
- 1 feuille de laurier, 1 branchette de thym
- 10 grains de poivre
- Sel gris marin

Sauce

Préparation : 25 mn

Cuisson : 45 mn

- 50 g de beurre
- 2 cuil. à soupe rases de farine fluide
- 1 jaune d'œuf
- 2 cuil. à soupe de crème fraîche épaisse
- le jus d'1/2 citron

Riz au gras

Préparation : 10 mn

Cuisson : 25 mn

- 500 g de riz rond non traité, non lavé
- 4 cuil. à soupe de gras de la poule farcie (il s'agit du gras que l'on récupère en dégraissant le bouillon de poule)
- 1 oignon moyen épluché, haché très fin
- 1/4 de feuille de laurier
- 1 l de bouillon

sauce obtenue doit être légère, sinon ne pas hésiter à rajouter du bouillon. Cuire 20 mn à feu doux en écumant et remuant souvent. Sortir du feu pour ajouter le contenu du bol à la sauce.

Servir sur un grand plat, la poule découpée posée sur les légumes, la farce autour et la sauce à part. Accompagner de cornichons, de gros sel, éventuellement d'un légumier de riz au gras.

Riz au gras

Dans une cocotte en fonte, chauffer la graisse, y verser le riz. Remuer constamment jusqu'à ce que les grains deviennent translucides. Mouiller avec le bouillon. Enfouir le laurier et l'oignon. A ébullition, couvrir pour 25 mn de cuisson à feu doux.

Se fait avec le bouillon de la poule. Ne pas assaisonner, le bouillon l'est déjà.

Ce plat roboratif peut accompagner toutes les préparations en sauce. Le riz au gras était de tradition dans tout le Sud-Ouest. Aujourd'hui, on lui préfère un riz cuit à l'asiatique.

Poulet « gourmandine »

Préparation : 20 mn

Cuisson : 1 h

Pour 4 personnes

- 1 poulet landais à cou nu, plumé, flambé, vidé, découpé en 4 ou 5 morceaux – cuisses et ailes principalement (la carcasse sera ajoutée à un bouillon ou à une soupe)
- 30 g de truffes fraîches, brossées, ou de truffes en conserve, coupées en tranches fines (dans ce cas, réserver le jus de la boîte et ajouter à la cuisson)
- 1 cuil. à soupe de farine
- 1 cuil. à soupe de graisse
- 50 g de beurre
- 1 jaune d'œuf
- 1/2 l de bouillon de carcasse (voir p. 13)
- 1 cuil. à soupe de crème fraîche épaisse
- 2 cl d'armagnac
- Sel et poivre du moulin

Dans une assiette à calotte, passer les truffes dans la graisse. Avec les doigts huilés, soulever délicatement la peau de la chair des quartiers de volaille et introduire dans l'intervalle les lamelles de truffe. Saler et poivrer. Déposer les morceaux dans le panier d'un autocuiseur.
Dans l'autocuiseur, verser le bouillon. Poser le panier sur des cales si nécessaire afin que la cuisson ait lieu à la vapeur. Fermer le couvercle. Poser la soupape et compter 20 mn de cuisson. Arrêter le feu. Attendre 15 mn pour ouvrir la cocotte. Prélever 50 cl de bouillon. Laisser les morceaux au tiède.
Dans une casserole, inox ou émail, fondre le beurre. Ajouter lentement la farine à l'aide d'un petit fouet.
Cuire 10 mn à feu doux en remuant souvent. Incorporer les 50 cl de bouillon. Porter à ébullition, toujours en remuant. Ecumer en laissant cuire 10 mn supplémentaires. Réserver.
Dans un bol, mélanger crème, jaune d'œuf, armagnac (vous pouvez éventuellement ajouter 3 gouttes de sauce soja qui sera un révélateur du parfum de la truffe quand celle-ci n'en a pas beaucoup). Hors du feu, l'incorporer à la sauce. Réchauffer 2 mn le poulet dans l'autocuiseur. Verser la sauce dans un plat. Poser les morceaux par-dessus sans les napper. Servir avec un riz blanc.

Bien sûr, le Tuber melanospornum *– la truffe – ne se trouve pas dans les Landes mais il ne faut pas hésiter à l'emprunter aux voisins périgourdins ou quercynois !*

Foie frais à la vigneronne

Préparation : 20 mn
Cuisson : 10 mn
Pour 4 personnes

- 1 foie de canard de 500 ou 600 g
- 40 grains pelés de raisin blanc sucré, de préférence chasselas ou muscat mis à macérer la veille dans le floc d'armagnac
- 1 cuil. à soupe de graisse
- 1 cuil. à soupe de farine fluide
- 5 cl de floc d'armagnac
- Sel et poivre blanc du moulin

Séparer les 2 lobes du foie. Les escaloper en biseau et en tranches d'1 cm d'épaisseur. Les fariner très légèrement. Saler et poivrer.
Dans une poêle anti-adhésive, chauffer 1 cuillère de graisse. Colorer les escalopes à feu vif 30 secondes sur chaque face. Les réserver dans un plat au chaud. Jeter l'excédent de graisse. Déglacer la poêle avec le floc d'armagnac ou le jus de macération des raisins. Ajouter les raisins et laisser réduire 30 secondes. Verser sur les escalopes et servir aussitôt.

Variantes :

1. Remplacer les grains de raisin par 3 pommes « lettre » de préférence, pelées, épépinées et émincées en tranches. Pour la cuisson des escalopes, procéder comme dans la recette précédente. Réserver. Remettre la poêle sur feu moyen pour y faner les pommes. Saler et poivrer. En tapisser un plat de service. Déposer les escalopes sur les pommes. Facultatif : asperger d'un peu d'armagnac. Au moment de servir, préchauffer le four, fonction « grill ». Enfourner pour 2 mn environ. Sortir avant coloration et servir aussitôt. L'un des buts de cette compotée de pommes avec sa saveur légèrement sucrée est d'absorber le rejet de gras des escalopes.
2. Avec 2 oranges « bigarrades » (oranges amères à la peau verte. Prendre à défaut des valenciennes ou des maltaises)

A l'aide d'un épluche-légumes, ôter la peau des oranges. La tailler en fine julienne et la cuire 15 mn dans l'eau salée. Peler la chair à vif, la détailler en petits dés en conservant le jus. Réserver. Pour les escalopes, procéder comme dans la première recette. Une fois la cuisson des escalopes terminée, réserver dans un plat au chaud. Dégraisser la poêle et la remettre à chauffer avec un morceau de sucre et 5 cl de vinaigre pour obtenir un caramel. Quand il sera blond, verser le jus, les dés d'orange et une cuillère de fleur d'oranger. Donner un bouillon. Réchauffer 2 mn les escalopes au four th. 7 (200°). Parsemer avec la julienne de zestes d'orange égouttée. Napper de sauce et servir immédiatement.

Préparation : la veille et 30 mn le jour même

Cuisson : 45 mn

Pour 4 personnes

- 2 belles pommes de ris de veau de la Chalosse soit 1 kg environ
- 1 carotte épluchée, coupée en dés
- 1 grosse tomate bien mûre, ébouillantée, pelée, écrasée
- 2 oignons moyens épluchés, coupés en dés,
- 2 gousses d'ail pelées, dégermées et écrasées
- 200 g de bidaous, à défaut champignons de Paris ou cèpes secs émincés
- 150 g de beurre
- 2 fois 1 cuil. à soupe de farine
- 25 cl de bouillon de carcasse ou de pot-au-feu (à la rigueur une tablette)
- 1 feuille de laurier
- 10 cl de madère (6 + 4)
- 2 cl d'armagnac
- Sel et poivre blanc du moulin

Ris de veau de Germaine Lesgourgues

La veille

Dégorger les ris de veau pendant 2 h dans de l'eau fraîche vinaigrée. Les presser 3 ou 4 h entre 2 plats. Egoutter. Les déposer dans une casserole. Les recouvrir de nouveau d'eau froide légèrement vinaigrée. Porter à ébullition. Blanchir 5 mn à feu doux. Egoutter à nouveau. Oter le gras et les peaux. Les presser pendant 3 ou 4 heures entre 2 planches (ou 2 plats) chargées d'un poids de 3 kg.

Le jour même

Dans une casserole, chauffer 50 g de beurre pour y faire fondre carottes, oignons et ail. Arroser du bouillon et porter à ébullition. Cuire à feu doux 20 mn à découvert en écumant. Réserver.

Dans une cocotte, faire fondre 50 g de beurre, ajouter les champignons, saupoudrer de farine. Avec un petit fouet, incorporer le coulis de légumes est la tomate. Ajouter 6 cl de madère, cuire quelques minutes.

Saler et poivrer les ris. Les fariner. Dans une poêle anti-adhésive, chauffer le beurre restant. Dorer les ris de veau sur chaque face. Les égoutter et les déposer dans la sauce de la cocotte pour 15 à 20 mn de cuisson douce. Goûter. Rectifier l'assaisonnement. Ajouter 2 cl d'armagnac et 4 cl de madère avant de servir.

Tourte de Pâques

Préparation : 30 mn
Cuisson : 1 h 15
Pour 4 personnes

- 1 rouleau de 250 g de pâte feuilletée pur beurre
- 400 g de ris d'agneau dégorgés 4 heures à l'eau fraîche vinaigrée
- 100 g de champignons de Paris, nettoyés, lavés à l'eau citronnée, égouttés, coupés en quartiers
- 4 échalotes grises pelées et hachées fin
- 200 g de salsifis cuits
- Dorure : 1 œuf battu en omelette avec 1 cuil. à soupe d'eau
- 50 g de beurre
- 1 cuil. à soupe rase de farine fluide
- 1 cuil. à soupe rase de crème fraîche épaisse
- 30 cl de vin blanc sec
- 1/2 citron + 1/2 feuille de laurier
- Sel et poivre du moulin

Garniture

Dans une casserole, déposer les ris d'agneau. Les recouvrir d'eau vinaigrée. Porter à ébullition 3 mn. Baisser le feu. Rafraîchir. Egoutter. Eplucher les ris. Les déposer de nouveau dans une casserole avec le vin, les échalotes, le laurier. Saler et poivrer. Couvrir. Cuire 15 mn à feu doux et petite ébullition. Ajouter les champignons de Paris pour 5 mn de cuisson supplémentaires après la reprise de l'ébullition.
Dans une autre casserole, mélanger à feu doux beurre et farine, à l'aide d'un petit fouet. Cuire 5 mn en remuant constamment. Incorporer toute la cuisson filtrée, puis la crème fraîche. Cuire de nouveau 15 mn en écumant. Ajouter les salsifis bien égouttés et même épongés. La garniture est prête. La réserver dans un bain-marie.

La tourte

Sur le plan de travail fariné, étendre la pâte feuilletée. Avec une grande assiette plate, prélever 2 cercles. Poser un premier cercle sur une tôle à pâtisserie. Le badigonner de dorure. Poser une assiette à dessert au centre du deuxième cercle. Avec un petit couteau, découper un autre petit cercle autour de l'assiette. Déposer délicatement les deux éléments sur le premier cercle. Dorer de nouveau.
Préchauffer votre four th. 8 (220°). Déposer au fond du four un petit récipient d'eau. Enfourner la plaque pour 10 mn. Baisser le four th. 7 (200°) pour 15 mn supplémentaires. Baisser de nouveau th. 4 (130°) pour 5 mn pour finir de sécher la pâte du vol-au-vent. Détacher le couvercle en le cernant avec un petit couteau. Le réserver. Au moment de servir, remettre la tourte au four 5 mn après l'avoir garnie des ris d'agneau aux salsifis.

Ce plat, grand classique des tables du Sud-Ouest, peut se faire aussi avec des ris de veau ou encore plus simplement avec des boulettes de viande.

Pintade laquée à la bruyère

Préparation : 25 mn

Cuisson : 50 mn

Pour 4 personnes

- 1 pintade fermière de 1,3 kg environ, plumée, flambée, vidée
- 10 brins de bruyère en fleur
- 2 cuil. à soupe de miel de bruyère ou de bourdène des ruchers du Born
- 2 cuil. à soupe de vinaigre de vin
- 10 cl de vin de Tursan blanc doux
- 1 carotte et 1 oignon moyen pelés et émincés
- 1 pincée de piment d'Espelette en poudre
- Sel et poivre du moulin
- 12 figues fraîches, sinon sèches trempées 4 h dans l'eau froide

La veille, introduire la bruyère dans la pintade.
Dans un bol, mélanger vinaigre, miel, poivre, piment. Frictionner la pintade de ce mélange à laquer. Réserver.
Le lendemain, renouveler l'opération.
Dans un plat à rôtir, déposer la pintade sur le dos. L'entourer de la carotte et de l'oignon, déposer dessus les figues préalablement laquées avec un pinceau. Arroser du mélange s'il en reste.
Préchauffer le four th. 6. Enfourner pour 40 mn. La cuisson de la pintade doit mobiliser toute votre attention. Si le laquage prenait trop de couleur, couvrir la volaille d'un papier d'aluminium. Vérifier la cuisson en piquant une cuisse. Le jus qui en sort doit être clair. Dans le plat, ajouter le vin blanc. Refermer le four pour 10 mn de cuisson supplémentaires.
Débarrasser et découper la volaille sur une planche à rigole pour réserver le jus.
Déglacer le plat avec ce jus, le filtrer. Servir viande et sauce à part.

Le faisan, omniprésent dans les forêts landaises, peut subir le même apprêt.

Préparation : 20 mn
Cuisson : 35 mn
Pour 6 personnes

- 1 lapin fermier d'1,5 kg dépouillé, vidé, découpé en 8 morceaux
- 16 pièces de « pistoles » : pruneaux « perdigou » dénoyautés, séchés, aplatis ou, à défaut, pruneaux d'Agen
- 4 échalotes grises pelées
- 1 tranche de jambon du saloir détaillée en lardons
- 1 cuil. à soupe de graisse
- 20 cl de vin blanc moelleux
- 3 cl d'armagnac
- 1 branche de serpolet
- Sel et poivre du moulin

Lapin de clapier à la paysanne

Dans une cocotte en fonte, chauffer la graisse pour y colorer le lapin à feu doux. Ajouter les échalotes en retournant souvent, puis les lardons. Flamber à l'armagnac. Déglacer avec les 20 cl de vin blanc. Ne pas saler à cause du jambon. Poivrer. Ajouter le serpolet et les « pistoles ». Couvrir. Cuire 35 mn à feu doux. Goûter et rectifier l'assaisonnement si nécessaire. Servir avec une purée (voir p. 22) ou du riz.

Il est de tradition en pays landais d'enivrer le lapin d'un petit verre d'armagnac, avant son sacrifice, l'eau-de-vie ayant pour but de parfumer la chair et de la rendre plus souple.

Caneton et panais braisés

Ombellifère redevenue à la mode, le panais est une racine comestible des potagers landais ; il peut être remplacé par des carottes ou des navets.

Préparation : 20 mn
Cuisson : 1 h environ
Pour 4 personnes

- 1 jeune canard maigre de Barbarie ou 1 Mulard plumé, vidé, flambé de 1,2 kg à 1,5 kg environ
- 1,5 kg de panais pelés, émincés en tranches épaisses
- 8 petits oignons nouveaux pelés
- 2 gousses d'ail pelées, dégermées, écrasées
- 2 cuil. à soupe de graisse de canard
- 20 cl de vin blanc sec
- 1 pincée de sucre en poudre
- Sel et poivre du moulin

Dans une cocotte en fonte, chauffer la graisse pour y colorer de tous côtés le caneton salé et poivré, intérieur et extérieur. Enlever la moitié de la graisse. Baisser le feu. Ajouter ail, oignons, panais. Saler, poivrer, sucrer.
Faner les légumes 15 mn en remuant souvent. Ajouter le vin blanc. Couvrir pour 50 mn environ de cuisson à feu doux.
Assurez-vous qu'il reste toujours un fond d'humidité dans la cocotte, sinon rajouter un peu d'eau et de vin à parts égales.

Toutes les races de canard ont comme origine commune le canard sauvage. Dans les Landes d'aujourd'hui, on élève en semi-liberté le « guit marin », appelé aussi mulard qui se prête à toutes les préparations culinaires célèbres de la région : confits, foies gras, magrets…

Préparation : 30 mn

Cuisson : 25 mn

Pour 4 personnes

- 300 g d'aiguillettes de canard fraîches, tranchées en lanières
- 1,5 kg de pommes de terre – Bintge ou BF15 de préférence – épluchées, lavées, essorées
- 100 g de lard gras salé et émincé en lardons
- 3 gousses d'ail pelées, dégermées, hachées très fin
- 1 œuf
- 1 bouquet de persil plat haché
- Sel et poivre du moulin

Galette d'aiguillettes et de pommes de terre

Dans une poêle anti-adhésive, chauffer les lardons. Une fois dorés, les réserver dans une assiette. Conserver la graisse dans la poêle. A feu vif, raidir rapidement les aiguillettes salées et poivrées. Les réserver avec le lard.

Sur une jatte, passer les pommes de terre à la râpe moyenne (taille et apparence du céleri-rave) à la main ou dans le robot de cuisine.

Dans un bol, battre à la fourchette l'œuf, l'ail et le persil. Saler et poivrer. Egoutter légèrement les pommes de terre. Surtout ne pas les relaver.

Dans un saladier, mélanger les lardons, les aiguillettes, les pommes de terre et le contenu du bol.

Réchauffer la poêle. Lorsque la graisse chante, y verser le mélange. Le tasser et égaliser avec une fourchette. Cuire 10 mn à feu doux et si vous n'êtes pas un expert du coup de poignet « retournant », renverser la galette avec une assiette pour 10 mn de cuisson supplémentaires.

Faire glisser sur un plat. Passer 5 mn au four chaud avant de servir.

Préparation : 25 mn la veille

Cuisson : 20 mn + 40 mn + stérilisation

Les confits

Oie

Ouvrir l'oie côté poitrine. Séparer le manteau de la carcasse à l'aide d'un petit couteau pointu. Prélever les deux cuisses et les deux ailes. Saler légèrement. Laisser reposer au moins 12 heures dans un plat recouvert d'un linge.

Le lendemain, dans une cocotte en fonte, faire fondre le reste de l'oie à feu doux 20 mn. Ajouter les morceaux à confire et laisser cuire encore 40 mn environ (quand la peau se plisse et dénude l'os de la cuisse, la viande est cuite).

Sortir les 4 morceaux de confit. Les déposer dans un bocal (ou 2 suivant que vous mettiez les ailes d'un côté et les cuisses de l'autre). Avec un chinois, filtrer la graisse dans une casserole. Verser la graisse sur les confits. Fermer hermétiquement. Stériliser 2 h dans un faitout ou 1 h 30 dans un stérilisateur.

Réserver le reste du confit pour d'autres préparations et la graisse pour faire sauter des pommes de terre.

Dans les Landes, on faisait même les frites à la graisse de volaille.

Canard

Même méthode mais laisser seulement 10 h de salage.

Poule

Même méthode mais laisser seulement 6 heures de salage et 20 mn de cuisson.

Lapin

Prendre une lapine de 2 ou 3 ans. Même méthode que la poule mais ne confire que les deux cuisses et le râble. Réserver la poitrine et les épaules pour un petit sauté.

Cochon dit porte-gras

On peut confire le filet, l'échine ou l'épaule. Le filet, de meilleure présentation à la coupe, donne une viande un peu sèche, l'échine ou l'épaule sont plus moelleuses au palais. Après les avoir désossés, il faut les détailler en morceaux de 300 g environ.
Même méthode que l'oie mais cuire dans la graisse de porc.

De Saint-Luc à Sainte-Lucie, ou plus prosaïquement, de la fin de l'automne au début du printemps, bestiaux et volailles sont mis à l'engrais dans tout le Sud-Ouest en attendant le passage des Rois mages pour commencer à les sacrifier. Débute alors, suivant les caprices du ciel, « froidure oblige », le temps des confits.
Le principe en est toujours le même ; volailles, porcs ou lapins sont découpés en quartiers, embellis de gros sel gris marin pendant 6 à 12 heures suivant la grosseur des pièces, puis compotés dans la graisse parfumée d'un oignon piqué d'un clou de girofle.
Autrefois, la cuisson constatée, la viande était alors débarrassée dans des toupines de terre et recouverte totalement de graisse tiède. En fonction des demandes, il fallait sortir précautionneusement les confits de la graisse pour éviter tout risque de moisi.
De nos jours, les bocaux en verre, après une stérilisation d'1 h 30 environ, permettent d'apprécier en toute saison les viandes confites, qu'elles soient chaudes ou froides.

Les demoiselles des Landes

Pcur 6 personnes

- 3 carcasses d'oie ou de canard coupées en 3 ou 4 morceaux
- Sel, poivre du moulin

Les demoiselles sont les carcasses d'oie ou de canard dont vous avez prélevé le foie, les confits, les magrets et auxquelles vous aurez laissé les sot-l'y-laisse et les aiguillettes.
On les cuit dans la cheminée (si vous avez la chance d'en avoir une) sur un feu de sarments de vigne ou à la rigueur dans un four. L'été, on peut les faire sur un barbecue avec des aiguilles et des pommes de pin.
C'est un régal célèbre et célébré dans les Landes et, en particulier, du côté de Le Frèche, à l'auberge de Saint-Vidou. Aline les sale et les poivre sur place, jamais avant. Il lui arrive aussi d'ajouter des langues de canard qu'on ébouillante et qu'on pèle avant de les faire griller.

Déposer sur le grill. Retourner souvent avec une pince en fonte ou une fourchette.
Servir avec une fricassée de pommes de terre et de champignons du résinier (voir p. 31).
C'est tout !

Les carcasses se trouvent aujourd'hui en vente dans toutes les régions d'élevage de canards et d'oies.

ATTENTION
PALOMBIERE
SIFFLEZ

Gibier

Salmis de colvert

Le colvert peut être remplacer par la sarcelle qui dégage très souvent une désagréable odeur de poisson.

Dans une cocotte, chauffer la graisse pour donner au canard une belle couleur dorée de toutes parts. Baisser le feu. Ajouter ail et échalotes pour les faner 3 mn en remuant souvent. Saupoudrer de farine. Bien mélanger durant 1 mn. Mouiller avec le vin. Saler, poivrer. Ajouter les cèpes secs. Couvrir. Cuire 45 mn environ à feu doux.

Vérifier la cuisson en piquant l'oiseau avec la pointe d'un petit couteau. Prolonger si nécessaire.

Transvaser le canard dans une autre cocotte. Dégraisser la sauce et y déposer le foie gras, l'armagnac, la crème fraîche, le floc. Passer le tout au mixer ou moulin à légumes grille fine. Verser la sauce à travers un chinois sur les morceaux de canard. Goûter, rectifier l'assaisonnement. Remettre sur le feu pour réchauffer.

Surtout ne pas laisser bouillir. Servir.

Préparation : 30 mn

Cuisson : 55 mn

Pour 2 personnes

- 1 canard colvert plumé, vidé, flambé et éplumissé à la paraffine de pin ou soigneusement avec un petit couteau.
  Le couper en 4
- 80 g de foie gras mi-cuit
- 4 échalotes grises épluchées et émincées
- 2 gousses d'ail épluchées, dégermées et écrasées
- 3 lamelles de cèpes secs
- 1 cuil. à soupe de graisse
- 1 cuil. à soupe de farine
- 75 cl de vin blanc
- 3 cl d'armagnac
- 6 cl de floc d'armagnac
- 1 cuil. à soupe de crème fraîche épaisse
- Sel et poivre du moulin

Chartreuse de perdrix campagnarde

Dans une cocotte ronde, chauffer la graisse pour dorer les morceaux de perdrix préalablement salées et poivrées. Les sortir. Les réserver. Dans la même cocotte, déposer oignons, carottes et navets. Les flétrir sans coloration. Les sortir et les réserver avec les perdrix. Tapisser le fond et les bords de la cocotte d'une quadruple couche de feuilles de chou, les plus vertes en premier. Garnir le centre des quartiers de perdrix mélangés aux légumes et au cœur de chou haché. Recouvrir des feuilles de choux restantes. Tasser avec une assiette épaisse, un peu moins grande que la cocotte. Mouiller à hauteur avec le bouillon. Couvrir
Enfourner pour 1 h 15 de braisage doux th. 5 (160°). Aussitôt cuite, démouler sur un plat creux de service. Consommer immédiatement.

Préparation : 30 mn
Cuisson : 1 h 30
Pour 4 personnes

- 2 perdrix plumées et vidées, coupées en 4 quartiers chacune
- 1 chou vert pommé, les feuilles démontées et ébouillantées 5 mn, les côtes arasées et le cœur conservé haché
- 2 oignons blonds moyens épluchés et émincés
- 1 petit navet épluché et taillé en julienne
- 4 carottes épluchées et taillées en julienne
- 1 cuil. de graisse
- 1/2 l de soupe de carcasse (voir p. 13) ou une tablette de bouillon
- Sel et poivre du moulin

Préparation : 35 mn
Cuisson : 2 h
Pour 8 personnes

- 2,5 kg de viande de sanglier avec os prise dans le collier, l'échine ou l'épaule, découpée en cubes de 4 cm
- 200 g de couenne de porc ébouillanté 15 mn, égoutté et détaillé en gros dés
- 1 orange coupée en fines tranches
- 1 branche de céleri émincé
- 2 lamelles de cèpes secs
- 6 gousses d'ail pelées, dégermées, écrasées
- 1 carotte et 1 oignon épluchés et coupés en petits cubes
- 1 cuil. à soupe de concentré de tomates
- 1 cuil. à soupe rase de farine
- 1 clou de girofle
- 1 l 1/2 de bergerac sec
- 5 cl d'armagnac
- 2 cuil. à soupe de graisse ou d'huile
- 1 feuille de laurier, 1 branche de thym et 1 de romarin liés en bouquet
- 20 grains de poivre noir et gros sel gris marin

Daube de bête noire

Dans une poêle, chauffer l'huile ou la graisse pour y faire sauter jusqu'à une légère coloration, carottes, oignons, ail, céleri. Egoutter le gras, le réserver. Tapisser des légumes le fond d'une daubière ou d'une cocotte en fonte.
Ajouter cèpes, couennes, orange, clou de girofle, poivre, bouquet garni.
Remettre la poêle sur le feu, réchauffer le gras réservé pour faire sauter vivement les morceaux de sanglier salés et poivrés. Saupoudrer de farine. Mélanger. Flamber à l'armagnac. Verser dans la daubière. Réserver au chaud.
Remettre la poêle sur le feu. Déglacer avec le vin en remuant avec un petit fouet pour bien dissoudre les sucs, incorporer la tomate. En arroser viande et légumes. Couvrir pour 2 h de très lente cuisson. Dégraisser avant de servir.

Ce plat peut être fait la veille et réchauffé.
Autrefois le gros gibier était très souvent forcé. La chair se chargeait donc de toxines et se durcissait d'où le but de la marinade qui ne devait jamais être salée. Le sodium provocant une exsudation du sang rendait la pièce de venaison coriace.
Mon amie Pauline ajoute toujours 1 ou 2 sucres dans ses daubes suivant le degré d'acidité du vin.

Couilics des dunes fauves

Préparation : 20 mn
Cuisson : 35 mn environ
Pour 4 personnes

- 12 petits passereaux, plumés, bec coupé. Les embrocher sur 4 tiges de bambou en alternant de lardons de jambon fortement poivrés
- 2 cuil. à soupe de graisse
- 2 échalotes pelées et émincées fin
- 30 grains de genièvre écrasés
- 2 cl d'armagnac
- 1 branchette de thym mondé
- Sel fin et poivre du moulin

Dans une cocotte ovale (avec couvercle à réserve d'eau) pouvant contenir les brochettes, fondre la graisse. Déposer les oiseaux et les faire dorer en les retournant régulièrement. Saler et poivrer. Verser l'armagnac. Flamber.

Ajouter les échalotes. Saupoudrer de thym et de genièvre. Couvrir et garnir d'eau le dessus du couvercle. Cuire 30 mn sur feu le plus doux possible (sur un diffuseur de chaleur si nécessaire). Amener la cocotte sur la table. Faire glisser 1 brochette par assiette. Croquer os et viande.

Toutes les recettes de petits oiseaux, cailles, grives, couilics, etc… sont adaptables à d'autres petits passereaux. Cependant il est de plus en plus difficile de se procurer des petits oiseaux. Certains amateurs se rabattent sur les étourneaux, très nombreux dans nos régions.

Préparation : 35 mn
Cuisson : 1 h 30
Pour 8 personnes

- 4 vieilles palombes – le bec ferme doit vous permettre d'apprécier l'âge avancé du gibier – plumées, vidées et les foies réservés
- 8 carottes moyennes épluchées
- 2 navets ou raves moyens épluchés, coupés en 4
- 1 petite boule de céleri rave, épluchée, coupée en 8
- 4 poireaux nettoyés, coupés en 2
- 1 gros oignon non pelé, lavé, piqué d'un clou de girofle
- 4 gousses d'ail lavées, non épluchées
- 1 petit chou frisé, trognon enlevé
- 2 échalotes grises pelées
- 1 feuille de laurier, 1 branche de thym et les queues d'un petit bouquet de persil attachés en bouquet
- 100 g de lard gras salé et émincé
- 15 grains de poivre noir, sel gris marin

Pot-au-feu de palombes

Partager les palombes en 2. Les déposer dans un grand faitout. Les recouvrir abondamment d'eau froide. Porter à ébullition. Ecumer souvent. Sur un grand torchon de cuisine ou un linge étamine, déposer tous les légumes préparés et les aromates.
Replier les bords et ficeler comme une aumônière que vous déposerez dans le faitout. Recouvrir d'une assiette lourde afin que le gibier et les légumes soient totalement immergés. Saler. Rajouter éventuellement de l'eau chaude. Cuire 1 h 15 couvert à moitié. Penser à écumer et à dégraisser pendant la cuisson.
Dans une poêle non adhésive, faire revenir le lard gras salé. Ajouter les échalotes émincées, les foies. Ne pas saler à cause du lard, poivrer. Cuire 3 mn à feu doux en remuant souvent. Flamber à l'armagnac. Hacher le tout à la grille fine ou au mixer. Au moment de servir, en tartiner des tranches de pain de campagne grillées.
S'assurer à l'aide d'un petit couteau pointu que les palombes sont cuites. Sortir le torchon avec les légumes. L'ouvrir. Déposer les légumes dans un grand plat creux, les palombes par-dessus. Servir le bouillon à part ainsi que les toasts. Ajouter cornichons et gros sel.

Les pigeons dits de « réforme » peuvent subir le même apprêt.

Préparation : 15 mn
Cuisson : 20 mn
Pour 4 personnes

- 8 grives non vidées
- 2 grosses pommes de terre (Bintge de préférence) pelées, coupées en tranches de 2,5 cm d'épaisseur
- 4 fines tranches de foie gras de canard confit
- 8 fines tranches de lard gras salé
- 12 grains de genièvre
- 4 cl d'armagnac
- 1 cuil. à soupe de graisse
- 4 feuilles de vigne
- Poivre

Grives sur canapé de parmentier

Saler et poivrer 4 tranches de pomme de terre.
Dans une poêle anti-adhésive, chauffer la graisse pour y dorer rapidement les grives de tous côtés et les quatre tranches de pomme de terre. Déposer alors les pommes de terre dans un plat à feu. Les masquer de foie gras. Ajouter les grains de genièvre puis 2 grives par canapé de pommes de terre. Couvrir chaque oiseau d'une demi-feuille de vigne et d'une tranche de lard gras.
Préchauffer le four th. 7 (200°). Enfourner les grives pour 10 mn de cuisson.
En saison, servir avec une salade de pissenlit, à défaut une frisée.

Les gourmands landais prétendent que toutes les variétés de passereaux doivent être cuites sans être vidées mais, hormis pour la bécasse, on peut déroger à cette règle.

Compotée de lièvre

Préparation : 30 mn
Cuisson : 3 h
Pour 8 personnes

- 1 capucin de 3 kg dépouillé, vidé, le sang conservé, le foie débarrassé du fiel
- 1 tranche de jambon du pays ébouillantée et égouttée
- 1 oignon moyen, pelé, coupé en quartiers
- 4 échalotes grises épluchées
- 4 gousses d'ail pelées, dégermées et écrasées
- 1 carotte moyenne épluchée, coupée en quartiers
- 4 branches de céleri émincées
- 2 cuil. à soupe de graisse
- 1 cuil. à soupe rase de cacao en poudre amer
- 1 cuil. à soupe de concentré de tomates
- 1,5 l de vin rouge de Graves
- 4 cl + 4 cl d'armagnac
- 1 feuille de laurier, 1 branche de serpolet ou de thym
- Sel et poivre du moulin

Découper le lièvre en 8 morceaux. Saler et poivrer.
Dans une cocotte, chauffer la graisse pour y saisir à feu vif gibier et légumes. Flamber avec 4 cl d'armagnac. Mouiller avec le vin de Graves. Ajouter laurier, concentré de tomates, serpolet ou thym, jambon, très peu de sel et poivre. Couvrir pour 1 h 30 de cuisson douce.
Sortir les morceaux de lièvre de la cocotte. Les laisser tiédir. Avec les doigts, séparer la viande des os qui seront jetés. Sortir et jeter aussi thym et laurier.
Remettre viande et sauce sur feu très doux à découvert, en remuant souvent avec une spatule. Compoter la viande durant 1 heure supplémentaire. Soyez très attentif à ce que le mélange n'accroche pas.
Dans un bol, mélanger sang, armagnac et chocolat en poudre. L'incorporer à la compote. Cuire 15 mn supplémentaires. Servir avec des tranches de pain de campagne grillées.

Cette compote est encore meilleure préparée la veille et remise sur feu doux au moment de servir.

Cailles farcies

Dans une petite casserole, chauffer à feu très doux 1 cuillère de graisse. Tremper 5 mn la crépine dans l'eau tiède. L'égoutter, la déposer sur la table de cuisine, la détailler en 4 carrés. Les badigeonner de graisse et d'ail. Poser sur chaque crépine une caille ouverte côté peau. Saler et poivrer. Dans le sens de la longueur, aligner dans chaque oiseau, 1 bâtonnet de foie gras. Rouler les cailles bien serrées dans la crépine.
Retourner rapidement les tartines dans la graisse restante. Les ranger dans un plat à four. Poser une caille sur chaque tartine. Préchauffer le four th. 8 (220°). Rôtir 10 mn à feu vif.
Les cailles devront être servies rosées et brûlantes.

Préparation : 15 mn
Cuisson : 20 mn
Pour 4 personnes

- 4 cailles de chasse si possible, plumées, flambées, vidées. Demander à son volailler de les désosser en les fendant par le dos et de conserver l'os du manchon et celui du pilon
- 1 crépine de porc
- 4 bâtonnets de foie gras confit de la longueur des cailles désossées et de 1,5 cm de section
- 2 cuil. (1+1) à soupe de graisse de foie gras
- 1 gousse d'ail pelée, dégermée, hachée fin
- 4 tranches de baguette de pain, coupées en biseau de la taille des cailles et séchées au four
- Sel et poivre du moulin

Préparation : 20 mn la veille + 15 mn
Cuisson : 50 mn
Pour 4 personnes

- 1 épaule de chevreuil dépouillée
- 4 fines tranches de lard gras salé
- 2 oignons moyens pelés et émincés fin
- 1 boule de céleri-rave (dite « ache des marais ») de 800 g environ, épluchée, coupée en 2, émincée en tranches régulières de 2 mm d'épaisseur
- 30 cl de vin blanc de Pacherenc
- 3 cl d'armagnac
- 1 cuil. à soupe de vinaigre de cidre
- 2 cuil. à soupe d'huile d'olive
- 10 grains de genièvre
- 10 grains de poivre noir
- 1 branchette de thym, 1 de romarin et 1 feuille de laurier
- 1 pincée de quatre-épices
- Sel et poivre du moulin

Epaule de chevreuil à l'ache odorante

Dans une casserole, porter à ébullition vin blanc, vinaigre, genièvre, grains de poivre, laurier, romarin, thym, huile, quatre-épices, armagnac. Sortir du feu. Laisser refroidir cette marinade. Déposer l'épaule de chevreuil dans un plat à feu ovale. Verser dessus la marinade froide. Réserver 24 heures au réfrigérateur en la retournant fréquemment. Le lendemain, sortir l'épaule du plat. La remplacer par oignons et céleri. Saler, poivrer. Bien mélanger avec la marinade. Reposer dessus l'épaule de chevreuil salée. La masquer avec les tranches de lard gras.
Préchauffer le four th. 6 (180°). Enfourner pour 30 mn de cuisson. Recouvrir d'un papier d'aluminium et enfourner de nouveau pour 20 autres minutes.
Servir accompagnée de gelée de cassis bonne-maman, poivrée et présentée en saucière.

Préparation : 15 mn

Cuisson : 40 mn

Pour 1 ou 2 personnes

- 1 bécasse peu faisandée (3 ou 4 jours, pliée dans un papier journal, au bas du réfrigérateur), plumée avec délicatesse (attention la peau ne doit pas être déchirée), non vidée, les yeux ôtés car ils donneraient de l'amertume
- 1 gousse d'ail pelée, dégermée
- 50 g de foie gras confit ou en conserve
- 1/2 cuil. à soupe de graisse
- 1 fine barde de lard gras
- 2 cl de bas-armagnac du château de Ravignan (la reine des bois mérite un bas-armagnac)
- 10 cl de vin rouge prélevé sur l'excellent bordeaux que vous allez boire !
- Sel et poivre du moulin
- 2 tranches de pain de campagne séché au four

Une bécasse et moi !

« Pour manger une bécasse, il faut être deux ! La bécasse et celui qui la mange ». Toujours est-il que, fi des salmis et autres préparations savantes (en dépit de leurs saveurs), la recette la plus simple reste la meilleure.

Dans un petit plat à four ovale, frotté à l'ail, chauffer la graisse pour y dorer de toutes parts la bécasse salée et poivrée. La poser sur le dos. L'emmailloter de lard gras. Préchauffer le four th. 8 (220°). L'enfourner pour 18 mn de cuisson. Sortir la bécasse du four et la laisser reposer au tiède 15 mn, recouverte d'un papier d'aluminium.

La sortir du plat et la poser sur une planche à rigole pour ne rien perdre de son jus. Réserver la barde de lard. Couper l'oiseau en deux et enlever le gésier, petite boule dure et indigeste. Réserver la bécasse dans une assiette creuse avec le jus recueilli dans la rigole.

Dans le plat de cuisson débarrassé de sa graisse, verser les entrailles de l'oiseau. Saler et poivrer généreusement. Ajouter foie gras et armagnac. Ecraser et malaxer le tout à la fourchette. En tartiner les deux tranches de pain. Remettre le plat de cuisson sur le feu. Déglacer avec le vin rouge. Donner 3 mn d'ébullition en remuant avec une petite spatule.

Au moment de servir, poser chaque demi-bécasse sur un canapé. Passer 3 mn à four chaud. Couvrir de la barde coupée en deux. Servir avec la sauce à part. S'il vous prend l'envie de partager, n'invitez qu'un seul ami ! Finir en vous léchant les doigts.

L'ortolan

Pour mémoire de bouche de gourmand !

Comment parler de gastronomie landaise sans évoquer l'ortolan, considéré depuis l'Antiquité comme le plus délicat des petits passereaux, formellement interdit de chasse à l'heure actuelle.
Autrefois capturé dans des matoles, engraissé comme l'oie et le canard avec en complément du pain trempé de lait, on le cuisait 5 mn dans sa propre graisse dans des petites caissettes de terre ou de porcelaine voire de papier sulfurisé savamment plié ; et si vous aviez la chance de le déguster en compagnie de véritables amateurs, vous auriez partagé le rituel de la serviette posée sur la tête. Le recueillement qui s'ensuit permet d'apprécier dans toute sa plénitude son incomparable saveur.
Aujourd'hui, on s'occupe beaucoup de l'équilibre de la faune et de la flore et on a raison. Mais se penche-t-on aussi suffisamment sur celui de l'homme ?
Quel serait l'intérêt de vivre dans un monde d'interdits ?
Reste à espérer que le ciel fasse à nouveau des miracles. Dans les Landes, on a déjà vu des ortolans transformés en cailles l'espace d'un voyage puis redevenus ortolans dans les caissettes.
Si vous êtes adoptés par les Landais, vous pourrez peut-être connaître un jour ce moment de rare bonheur.

Desserts

Préparation : 20 mn
Cuisson : 45 mn
Pour 8 personnes

- 1 paquet de 10 feuilles de brick
- 4 pommes « lettre » épluchées, épépinées, émincées fin
- 100 g de beurre fondu
- 2 cuil. à soupe de sucre glace
- 1 cuil. à soupe de rhum
- 2 paquets de sucre vanillé

Tourtière gasconne

La pâte baptisée tourtière dans les Landes demande une telle dextérité qu'elle est de nos jours presque irréalisable, hormis pour quelques cuisiniers (ou cuisinières) confirmés. L'arrivée en France des pâtes de brick prêtes à pâtisser est une aubaine et peut remplacer avantageusement la pâte d'autrefois que l'on étirait longuement sur un drap blanc posé sur la table de cuisine et qui devait avoir l'épaisseur d'une feuille de papier à cigarettes !

Dans un saladier, laisser mariner 1 heure les tranches de pommes dans le rhum et le sucre vanillé.
Ouvrir le paquet de galettes et partager aussitôt les feuilles de brick en 2. Avec un petit pinceau et le beurre fondu, graisser un moule à manquer à bords un peu haut. Tapisser les parois de demi-feuilles de brick légèrement graissées avec un petit pinceau et le beurre fondu. La pointe des demi-lunes se chevauchant au centre du moule, l'autre pointe débordant légèrement. Parsemer de tranches de pommes cette première couche. Renouveler l'opération 3 ou 4 fois. Terminer par une couche de feuilles de brick.
Beurrer au pinceau 2 ou 3 demi-feuilles de brick restantes. Les froisser et les déposer au centre du gâteau. Replier les feuilles débordantes sur le gâteau.
Préchauffer le four th. 6 (180°). Enfourner pour 45 mn à feu doux. Surveiller la coloration. Baisser si nécessaire. Saupoudrer de sucre glace avant de servir.

Préparation : 25 mn
Cuisson : 15 mn
Pour 6 personnes

- 200 g de farine à pâtisserie
- 60 g de farine de maïs ou semoule fine à polenta
- 1 sachet de sucre vanillé
- Sucre semoule
- 6 œufs battus à la fourchette
- 2 pommes « lettre » ou autres, pelées, épépinées, émincées
- 25 cl de lait bouilli
- 30 g de beurre fondu
- 20 cl d'eau
- 3 cl d'huile
- 4 cl d'armagnac
- 1 pincée de sel fin

Millas aux pommes

Dans une jatte, disposer en fontaine les 2 farines, le sucre vanillé, le sel. Déposer au centre, dans un cratère, les œufs, l'armagnac, le beurre fondu. Mélanger avec un fouet. Par un mouvement circulaire des bords vers le centre, incorporer le lait et l'eau. En cas de grumeaux, n'hésitez pas à donner un coup de mixer. Ajouter les pommes. Laisser reposer la pâte 4 heures au frais.
Avec un chiffon ou du papier absorbant imbibé d'huile, graisser une poêle anti-adhésive. Lorsqu'elle est chaude, verser la pâte à millas avec les pommes. Mélanger et égaliser. Baisser le feu pour 5 mn de cuisson. Poser à l'envers une assiette ronde de la taille de la poêle sur la crêpe. Retourner. Refaire glisser dans la poêle pour 5 mn de cuisson supplémentaires. Les experts se contentent, pour la retourner, d'un mouvement sec du poignet en faisant sauter la crêpe.
Faire glisser sur un plat rond et saupoudrer cet épais « crespet » de sucre semoule avant de le servir tiède.

Pruneaux aux épices

Préparation : la veille
Cuisson : 15 mn
Pour 4 personnes

- 32 pièces de pruneaux
- 1 orange non traitée émincée fin
- 1 clou de girofle
- 1 éclat de cannelle
- 1 sachet de thé
- 6 grains de piment de Jamaïque (bois d'Inde)
- 10 g de gingembre frais, émincé
- 1 zeste de citron vert prélevé à l'aide d'un épluche-légumes
- 6 grains de poivre noir
- 4 cl d'armagnac
- 75 cl de vin rouge de Tursan

Dans une casserole en inox ou émail, la veille, déposer tous les éléments. Laisser gonfler durant la nuit. Le matin, poser la casserole sur le feu. A ébullition, baisser la flamme. Au bout de 3 mn, sortir le sachet de thé. Continuer la cuisson 10 mn supplémentaires. Sortir du feu. Laisser refroidir. Ajouter l'armagnac. Mélanger. Mettre au réfrigérateur. Servir glacé. Peut accompagner le pastis « bourrit » ou tout autre brioche.

Le pastis « bourrit »

Préparation : 1 h 30
Cuisson : 50 mn
Pour 6 personnes

- 250 g de farine pour pâtisserie à poudre levante
- 50 g de farine de maïs ou à défaut semoule fine de polenta
- 100 g de sucre semoule
- 1 sachet de sucre vanillé
- 5 œufs frais entiers
- 50 g de beurre fondu
- 100 g de beurre en pommade
- 5 cl d'armagnac
- 1 pincée de sel fin

Dans tout le Sud-Ouest, le terme « pastis », en pâtisserie, désigne en général un gâteau au feuilletage très fin et très léger baptisé tourtière dans les Landes et qui n'est pas sans rappeler la pastilla marocaine. Ici, le « pastis bourrit » est une sorte de brioche parfumée.

Dans un saladier, mélanger en fontaine les farines, sucre semoule et sucre vanillé, pincée de sel. Déposer au centre, dans un cratère, le beurre en pommade, les œufs et l'armagnac. Bien mélanger d'abord délicatement avec la pointe des doigts, ensuite vigoureusement avec un fouet. Badigeonner de beurre fondu avec un pinceau l'intérieur d'un grand moule à manquer anti-adhésif ou de deux petits. Le (ou les) garnir à mi-hauteur de l'appareil. Laisser lever 1 heure à température ambiante.
Préchauffer le four th. 4 (130°). Enfourner le ou les pastis. Après 15 mn de cuisson, monter le thermostat à 6 pour 15 autres minutes. Puis le monter encore à 8 pour 10 mn supplémentaires. Surveiller la coloration. En cas d'excès, poser un papier d'aluminium sur les pastis. Vérifier la cuisson en enfonçant la pointe d'un petit couteau au centre du gâteau. Elle doit ressortir sèche, sinon, prolonger. Sortir du four. Attendre 15 mn pour démouler délicatement sur un plat à pâtisserie.

Le « pastis bourrit » se mange tiède ou froid et se conserve une semaine dans une boîte hermétique. On peut le servir avec une crème anglaise ou avec des pruneaux aux épices (voir p. 127) et même l'utiliser coupé en tranches, grillé, en entrée, pour accompagner une terrine de foie gras.

Préparation : 20 mn + 20 mn
Cuisson : 50 mn
Pour 6 personnes

- 1 rouleau rectangulaire de pâte feuilletée de 250 g
- 2 cuil. à soupe de farine à pâtisserie
- 100 g + 1 cuil. à soupe de sucre semoule
- 2 œufs frais
- 100 g de pignons de pin
- 100 g de beurre en pommade
- 1 cuil. à soupe rase de crème fraîche
- 3 cl d'armagnac
- 2 cl de rhum
- Prévoir une poudreuse avec du sucre glace

Dartois gascon

La pâte feuilletée demande beaucoup de temps et la réalisation en est délicate. Il existe de nos jours des pâtes feuilletées « pur beurre » fraîches ou surgelées dont la qualité est incontestable. N'hésitez pas à les utiliser.

Fariner la table de la cuisine ou le plan de travail. Etendre la pâte feuilletée. La découper en 2 rectangles égaux dans le sens de la longueur. Garnir un des rectangles d'un boudin de l'appareil suivant : Dans la cuve d'un robot de cuisine, broyer le plus fin possible pignons, sucre, œufs, armagnac, rhum. Verser dans un bol. Dans la pâte ainsi obtenue, incorporer à l'aide d'une spatule en bois le beurre fractionné en noisettes. Bien mélanger.
Badigeonner d'eau le rectangle de pâte restant. Le retourner et le déposer sur le rectangle garni. Souder les 4 côtés avec le tranchant des mains. Dessiner avec un petit couteau un décor en forme d'épi stylisé. Badigeonner d'eau avec un pinceau. Saupoudrer de sucre semoule (1 cuillère à soupe environ) qui va caraméliser.
Préchauffer le four th. 8 (220°). Cuire 25 mn. Baisser le feu à th. 7 (200°) pour 15 mn supplémentaires de cuisson.
Le dartois cuit, saupoudrer de sucre glace. Remettre au four 4 mn pour obtenir une légère croûte vernie blond doré. Servir avec une crème anglaise.

Crèpes à la monseigneur

Hommage culinaire et clin d'œil à Napoléon III, qui a beaucoup fait pour les Landes même s'il n'a pas inventé les forêts de pins qui les garnissent aujourd'hui. Passionné par ce coin de France, il a beaucoup œuvré pour leur développement.

Préparation : le matin pour le soir

Cuisson : 2 mn par crêpe

Pour 4-5 personnes

- 4 œufs, blancs et jaunes séparés
- 100 g de sucre
- 1 paquet de sucre vanillé
- 100 g de farine
- 100 g de beurre fondu
- 1/2 l de lait
- 1 cuillerée à soupe d'huile
- 1 zeste de citron coupé en petits morceaux
- 1 pincée de sel

Dans une jatte déposer la farine en fontaine, les sucres, la pincée de sel, les jaunes d'œufs et le zeste de citron. Mélanger à l'aide d'une spatule ou d'un petit fouet électrique. Incorporer progressivement le beurre fondu, le lait et l'huile.
Réserver jusqu'au soir.
Au moment de faire les crêpes, battre les blancs en neige. Les incorporer doucement à la préparation.
Huiler légèrement une poêle à crêpe anti-adhésive, ne les faire cuire que d'un côté. Les rouler sur elles-mêmes et servir aussitôt avec du sucre ou des confitures ou arroser d'un vieil alcool de prune.

Préparation : 25 mn
Cuisson : 5 mn
Pour 4-5 personnes

- 1 œuf entier battu à la fourchette
- 50 g de sucre semoule
- 1 sachet de sucre vanillé
- 20 cl de semoule à polenta
- 1 cuil. à soupe de miel de bruyère
- 1 pincée de sel
- 60 cl d'eau

Cruchades ou escautons

Dans une casserole, porter l'eau à ébullition. Ajouter miel, sucre vanillé, sel. Verser la semoule en pluie.
Cuire 3 mn en remuant constamment à l'aide d'une spatule en bois. Verser la bouillie de maïs sur une planche à découper. Avec un grand couteau, donner la forme d'un rectangle d'1 cm d'épaisseur. Egaliser. Laisser refroidir.
Découper en forme de ronds ou de losanges. Avec un petit pinceau, badigeonner les cruchades avec l'œuf battu. Saupoudrer de sucre semoule. Passer rapidement au four fonction gril juste pour les dorer.
Servir accompagné d'une crème ou de fruits.

La farine de maïs pour pâtisserie n'est pas évidente à trouver. La semoule fine express pour polenta vous permettra d'aboutir au même résultat.
L'escauton, un des plus anciens mets du pays landais, n'est pas sans rappeler d'autres réalisations du sud-ouest de la France, mi-gâteau, mi-pain, produit du terroir et de l'imagination des ménagères. Confectionné jadis avec du millet, il se fait au maïs aujourd'hui. On peut le consommer sucré ou salé suivant la façon dont on l'accommode.

Préparation : 30 mn

Cuisson : 15 mn

Pour 4-5 personnes

- 16 figues violettes pas trop mûres
- 4 cuil. à soupe de pignons de pin ou d'amandes mixés
- 4 cuil. à soupe de sucre semoule
- 1 cuil. à café de sucre vanillé
- 1 pincée de cannelle en poudre
- Le jus d'1/2 citron
- 4 cl d'armagnac blanc ou ambré
- 50 g de beurre en pommade
- 16 tranches de baguette de pain de la taille des fruits

Figues farcies

Par une incision circulaire au deux tiers de la hauteur des figues, décolleter les fruits pour les évider délicatement avec une cuillère à café (et même à moka). Réserver la chair.

Dans un saladier, mélanger l'intérieur des figues, le sucre vanillé, les pignons en pâte, la cannelle, l'armagnac, le jus de citron. Réserver.

Sécher au four les tranches de pain. Les tartiner légèrement d'une fine pellicule de beurre. Ranger les tranches dans un plat à four.

Farcir les figues avec l'appareil du saladier. Les recouvrir de leur chapeau. Déposer un fruit sur chaque canapé. Les saupoudrer de sucre semoule.

Préchauffer le four th. 7 (200°). Enfourner pour 10 mn en surveillant la cuisson.

Cannelés

Préparation : 24 ou 48 h à l'avance
Cuisson : 45 mn environ
Pour 12 cannelés

- 1/2 l de lait
- 250 g de sucre en poudre
- 25 g de beurre + 30 g pour le graissage
- 100 g de farine
- 2 œufs entiers + 2 jaunes
- 4 cuil. à soupe de rhum et d'armagnac
- 5 gouttes de vanille liquide (à défaut une gousse de vanille dont vous pourrez vous resservir, conservée dans un bocal hermétiquement clos)

Dans un cul-de-poule ou un saladier, déposer les œufs et le sucre. Avec un petit fouet, remuer jusqu'à ce que le mélange blanchisse. Ajouter la farine. Fouetter.
Dans une casserole, faire bouillir les deux tiers du demi-litre de lait. Ajouter les 25 g de beurre. Quand il frissonne, ajouter le tiers de lait froid restant ce qui doit faire tomber la température à 70° environ et évite de cuire les œufs.
Toujours avec un fouet, verser le lait dans l'appareil précédent. Ajouter le rhum et la vanille.
Laisser reposer 24 heures (et même 48 heures) au réfrigérateur.
Le lendemain, graisser vos moules à cannelés avec le beurre restant (voir plus bas, les précautions à prendre pour la préparation des moules). Verser l'appareil dans les moules.
Préchauffer votre four au maximum th. 10 (260°). Enfourner pour 30 mn environ. Surveiller très attentivement la cuisson. Baisser à th. 5 (160°) pour 15 mn supplémentaires. La réussite des cannelés dépend beaucoup de votre four. Ils doivent être blonds et croustillants à l'extérieur.

Préparation des moules à cannelés

Placer les moules vides 15 mn au congélateur. Beurrer copieusement avec un beurre en pommade jusqu'au fond. Remettre 10 mn au congélateur. Verser l'appareil et enfourner.
Les moules devraient être en cuivre, à défaut en aluminium, autant que possible non adhésifs. Autrefois, on les graissait à la cire d'abeille vierge. Aujourd'hui, il existe des bombes à graisser mais elles restent difficiles à trouver.

Préparation : 1 h 15 pour la pâte + 15 mn

Cuisson : 25 mn

Pour 8 personnes

- 8 moules à tartelette ronds anti-adhésifs

Pour 400 g de pâte sablée si on ne l'achète pas toute prête :

- 250 g de farine tamisée
- 125 g de beurre ramolli et coupé en petits morceaux
- 1 jaune d'œuf battu ou un petit verre d'eau
- 80 g de sucre semoule
- Une pincée de sel fin

Pour la garniture :

- 500 g de mûres
- 2 blancs d'œufs
- 1 cuil. à café de beurre en pommade
- 1 pincée de farine
- 75 g de sucre glace
- Sel et quelques gouttes de citron

Tartelettes aux mûres d'Isabelle Vitrac

Pâte

Dans un saladier ou un cul-de-poule, mélanger la farine avec le sucre et la pincée de sel. Incorporer le beurre en mélangeant du bout des doigts. Lorsque la pâte est bien « sablée » – le mélange doit avoir l'aspect d'un sable un peu aggloméré – ajouter le jaune d'œuf ou le verre d'eau, mélanger très rapidement. Former une boule et laisser reposer 1 heure au réfrigérateur pliée dans un torchon humide.

Tartelettes

Sur un plan de travail fariné, abaisser la pâte avec un rouleau à pâtisserie. Découper huit ronds d'un diamètre légèrement supérieur aux moules. Les garnir de pâte. Piquer le fond à l'aide d'une fourchette. Les tapisser d'haricots secs. Cuire 15 mn au four préchauffé à th. 5-6 (160°).

Les sortir du four. Oter les haricots. Laisser tiédir les tartelettes.

A l'aide d'un petit fouet, mélanger vivement les blancs d'œufs, le sucre glace et les gouttes de citron. En napper les tartelettes et glacer au four 10 mn environ en surveillant la coloration.

Glossaire

ABAISSER — Étendre une pâte au rouleau à l'épaisseur voulue.

APPAREIL — Préparation culinaire dans laquelle se mélangent plusieurs ingrédients.

BAIN-MARIE — Récipient plongé dans un autre récipient, lui-même rempli d'eau chaude ou en ébullition.

BEURRE EN POMMADE — Beurre ramolli ayant la consistance d'une pommade.

BLANCHIR — Passer à l'eau bouillante quelques minutes, viandes ou légumes.

BLONDIR — Faire revenir un aliment jusqu'à coloration blond clair.

BRAISER — Faire mijoter dans un récipient, avec peu de liquide, viandes ou légumes.

CHANTER — Deux ou trois gouttes d'eau jetées dans l'huile quand elle est chaude la font « chanter ».

CISELER — Couper finement des herbes ou des salades. Ne pas confondre avec hacher.

CLARIFIER — Rendre une cuisson claire et limpide.

COULIS — Purée liquide de légumes ou de fruits.

COMPOTER — Cuisson très lente de viande ou de volaille dont les chairs doivent se détacher.

CUISSON — Dans ce sens particulier, liquide de cuisson d'un aliment.

DÉGLACER — Mouiller légèrement le « gratin » au fond d'un plat après cuisson pour en faire un jus.

DÉTENDRE (une sauce) — Ajouter un peu d'un liquide à une pâte ou à une sauce pour la rendre plus souple.

DÉGRAISSER — Enlever la pellicule de graisse qui recouvre un bouillon, une sauce ou le fond d'un plat.

ÉBARBER — Couper les nageoires, les barbes et la queue d'un poisson avant la cuisson.

ÉMINCER — Couper en tranches fines viandes et légumes.

ÉMULSION — Mélange interne d'un corps gras et d'un liquide.

ÉTUVER — Cuire les aliments à feu doux, en vase clos, avec peu de liquide.

FLÉTRIR — Cuire à feu doux avec un apport de matière grasse, jusqu'à modification de la texture et de la couleur.

GLACER ou GLAÇAGE — Préparation à base de sucre qui forme un enduit brillant et lisse en durcissant.

HABILLER — Préparer un poisson, une viande ou une volaille.

MARINADE — Mélange d'aromates, de vin, d'alcool, etc. qui attendrit les aliments et leur donne un arôme particulier.

PLUCHES — Ce terme désigne l'extrémité verte et tendre de certains aromates.

RAIDIR — Passer rapidement un aliment dans une matière grasse brûlante sans le laisser colorer.

Index de recettes

Photogravure : BLF à Bordeaux

achevé d'imprimer
par l'imprimerie Fournié, à Toulouse
le 20 juillet 1999

Dépôt légal en juillet 1999